來去馬來西亞

從鄭和、孫中山到《辣死你媽》，原來馬來西亞與台灣這麼近

黃偉雯 著

目錄

推薦語

「本書為學術界嚴肅的馬來西亞政治或社會史的濃縮。作者以中國及華人史觀出發，從華人移民、殖民經濟開發、族群關係以及馬來西亞華人日常社會文化現象切入，帶領讀者發現複雜的華人社會文化。但這種多樣的華人性並非憑空產生，而是歷史過程的偶然產物，因此作者行文中也穿插了歐洲及日本殖民馬來亞、砂拉越以及沙巴史、馬來西亞獨立過程、中國民族主義運動等對華人的影響。這是一本包含多元的華人社會文化與馬來西亞政治元素的簡史，適合對馬來西亞歷史感興趣的初學者閱讀。」

——林開忠（暨南大學東南亞學系系主任）

「作為一位曾經在馬來西亞生活的台灣人，作者具備在地的優勢，爬梳大馬歷史、實際體驗多元社會的特色、實地了解在地的文化與民俗，以編年的順序，引導讀者進入馬來西亞歷史，欣賞既陌生又略有所知的當代風貌，尤其是華人社會的概況。此書為讀者釐清馬來亞和馬來西亞、西馬和東馬的不同脈絡，以『豬仔』、『嘛嘛檔』、『辣死你媽』等在地用語激發讀者的好奇心。在敘事方面，作者靈活貫穿歷史與當代，在一些特定事項上對比大馬和台灣的情況，加深讀者的印象，書寫手法兼具知識性和趣味性。閱讀此書，相信對多元文化、共存共榮的馬來西亞能有更深一層的認識。」

——陳亞才（馬來西亞元生基金會執行長）

馬來西亞地圖

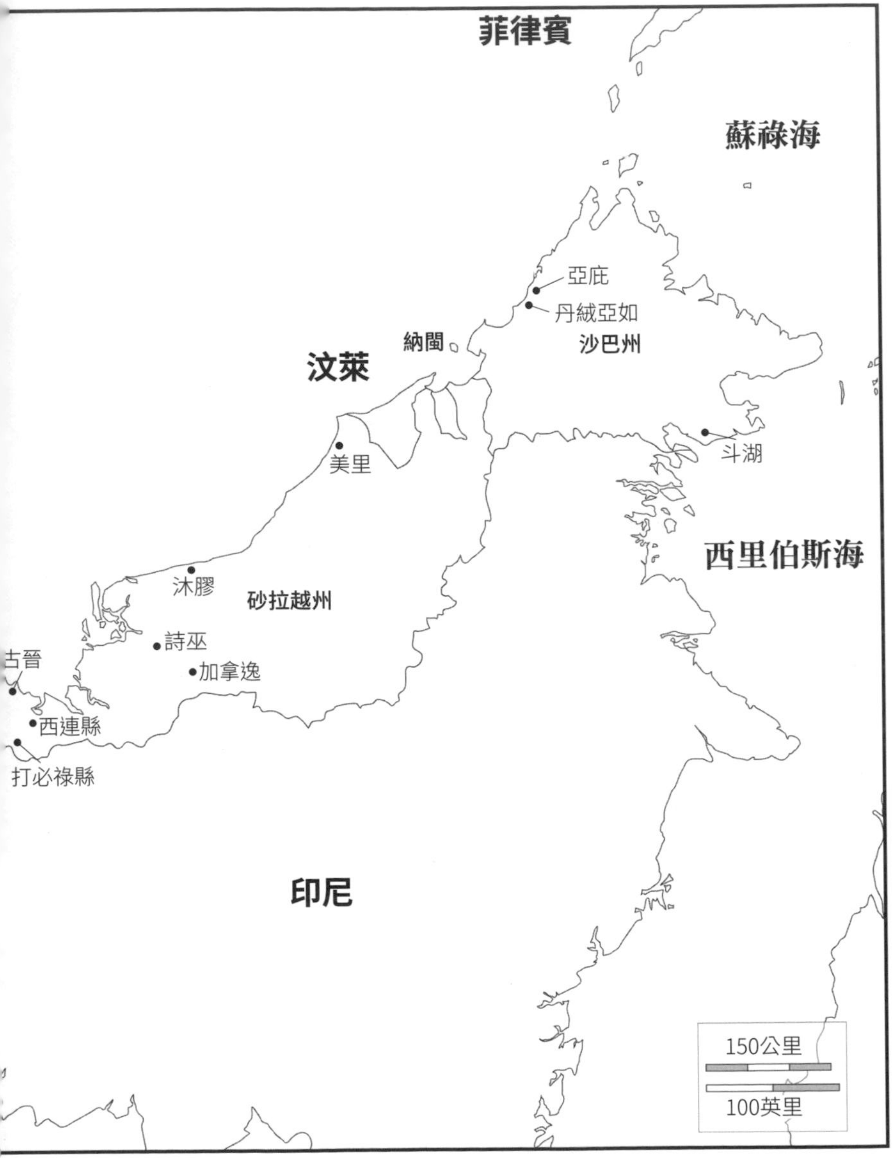
菲律賓
蘇祿海
亞庇
丹絨亞如
納閩
沙巴州
汶萊
斗湖
美里
西里伯斯海
沐膠
砂拉越州
詩巫
古晉
加拿逸
西連縣
打必祿縣
印尼
150公里
100英里

泰國
泰國灣
越南
合艾
亞婁
加央
亞羅士打
安南武吉
玻璃市州
吉打州
勿洞
哥打峇魯
瓜拉登嘉樓
南海
喬治市
檳城州
江沙
吉蘭丹州
登嘉樓州
太平
怡保
霹靂州
彭亨州
雪蘭莪州
福隆港
芙蓉市
吉隆坡★
關丹
森美蘭州
巴生
北根
莎阿南
布城
神安池
麻坡
柔佛州
馬六甲州
新山
新加坡
馬六甲市
石隆門
坤甸
印尼

從馬來亞到馬來西亞的政權演變

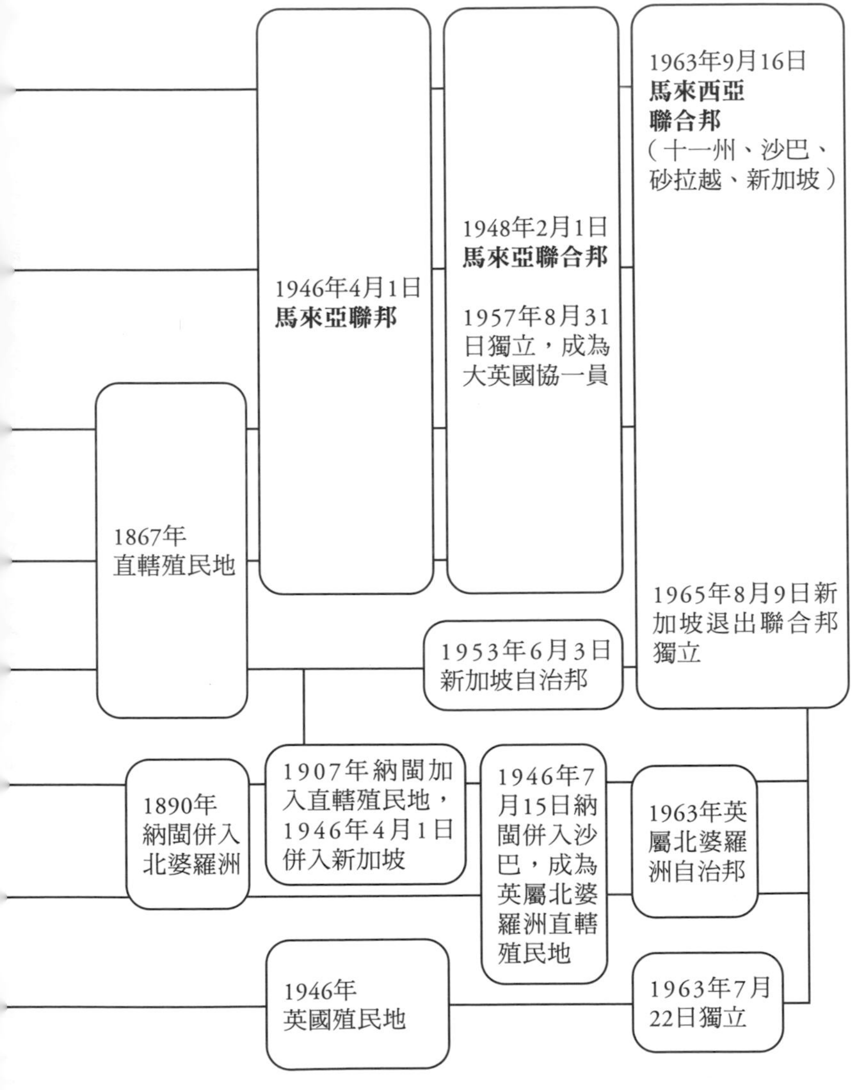
1963年9月16日
馬來西亞
聯合邦
（十一州、沙巴、
砂拉越、新加坡）
1948年2月1日
馬來亞聯合邦
1957年8月31
日獨立，成為
大英國協一員
1946年4月1日
馬來亞聯邦
1867年
直轄殖民地
1965年8月9日新
加坡退出聯合邦
獨立
1953年6月3日
新加坡自治邦
1907年納閩加
入直轄殖民地，
1946年4月1日
併入新加坡
1890年
納閩併入
北婆羅洲
1946年7
月15日納
閩併入沙
巴，成為
英屬北婆
羅洲直轄
殖民地
1963年英
屬北婆羅
洲自治邦
1946年
英國殖民地
1963年7月
22日獨立

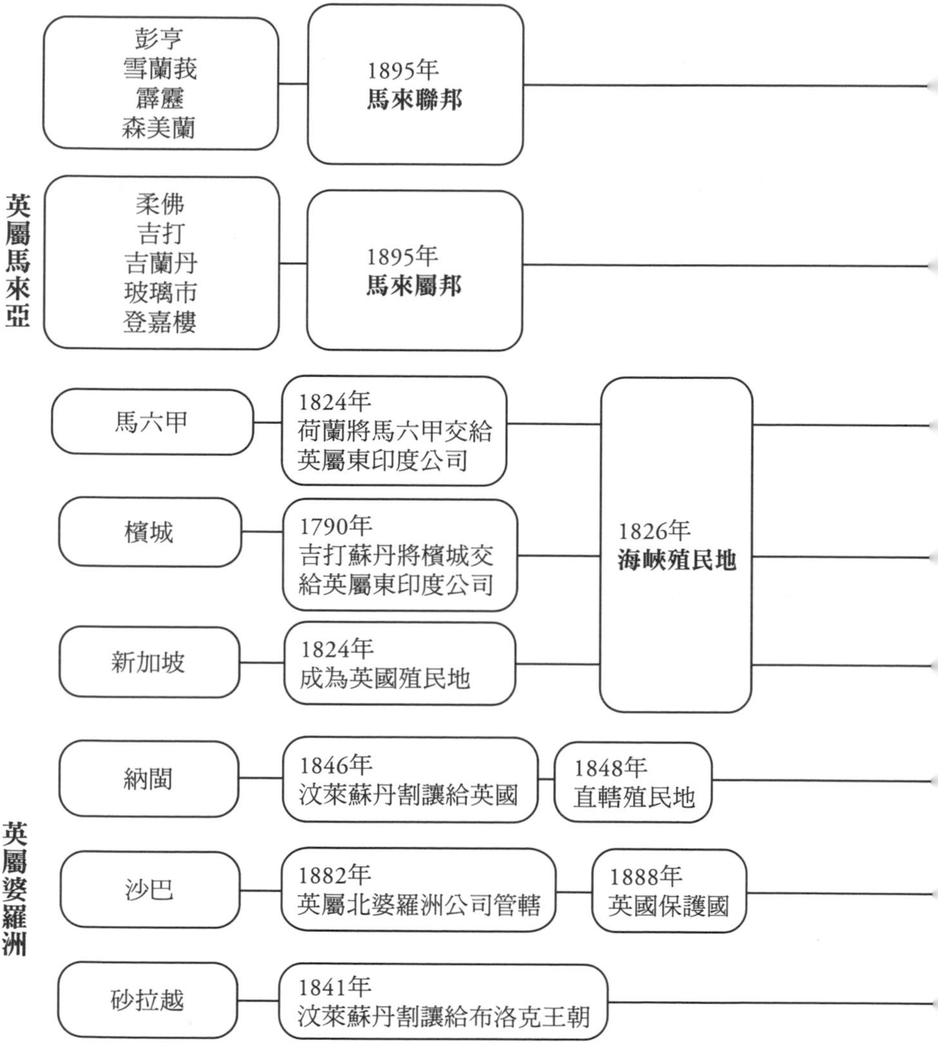
英屬馬來亞
彭亨
雪蘭莪
霹靂
森美蘭
1895年
馬來聯邦
柔佛
吉打
吉蘭丹
玻璃市
登嘉樓
1895年
馬來屬邦
馬六甲
1824年
荷蘭將馬六甲交給英屬東印度公司
檳城
1790年
吉打蘇丹將檳城交給英屬東印度公司
新加坡
1824年
成為英國殖民地
1826年
海峽殖民地
英屬婆羅洲
納閩
1846年
汶萊蘇丹割讓給英國
1848年
直轄殖民地
沙巴
1882年
英屬北婆羅洲公司管轄
1888年
英國保護國
砂拉越
1841年
汶萊蘇丹割讓給布洛克王朝

推薦序　跟著女俠校長，一起探索多元的馬來西亞！

李三財（就諦學堂創辦人）

相當開心又看到黃偉雯老師新書問世，很榮幸能再次受邀撰文推薦，備感榮幸、必當義不容辭，率先拜讀後更是慶幸！

筆者在香港成長的童年中，對於東南亞相當好奇，但也對遠東、南洋等概念感到模糊，只能從港劇《赤腳紳士》、《義不容情》等劇情的描述，以及馬拉糕、星州炒米、肉骨茶等美食，加上各書本上提到的「鄭和下西洋」、「賣豬仔」等歷史故事中留下些許印象。

一九九七年，筆者在高中畢業後來台升學，在台師大位於林口的僑先部母校，三位室友中的二位都來自大馬，他們充滿熱情，常常與我分享在東馬和西馬的種種生活，並一再告訴我馬來西亞已經有座雙子星在吉隆坡，是一個向四小龍急起直追的國家。他們更一再強調，「我們不是住在樹上的民族」，以弭除當時部分台灣人的刻板印象！轉眼間這已經是二十二年前的往事。

大學畢業後，筆者留台創業並投入僑外生關懷的公益路，有幸參與贊助了兩屆「大馬留台學生運動會」，對於他們這群人的團結與積極印象深刻。二〇一二年，筆者成立的「台北市香港華僑陳就娣女士紀念中心」與當時的《四方報》共同創辦「五語＋N學堂」，在全台首創開辦東南亞七國語言教學，其中一個主要語言就是馬來語。次年，我獨立成立「就諦學堂」，加入了寮國語、印地語、生活台語等，變成了教授十國語言的公益學堂及社會企業，而我們一直都維持著馬來語的教學！社會上許多的學生、企業代表與政府官員都是我們的學員，而我們當時培養的老師在研究所畢業後也成為了大學的馬來語講師，很榮幸黃偉雯老師也是我們非常認真的學員之一。

推廣東南亞語言及文化的工作快來到第十個年頭，在近年雖有一點點成績，但過程篳路藍縷，就如同黃偉雯老師投入演講以推廣多元文化並努力寫作，足跡遍及海內外，仍一步一步紮實累積，也有賴廣大讀者的支持。偉雯老師不只是一般的歷史學者，她精益求精，在全台各地場域都留下了她以輕鬆的言語闡述歷史典故的身影，行動力澎湃。因為感動，筆者多次聘請偉雯老師到就諦學堂開辦講座，分享關於印度、韓國及馬來西亞的歷史與文化。她對每一次的主題都用心準備，並精心穿上該國的民族服裝，讓聽眾很有共鳴。筆者也推薦她擔任「國立台北商業大學東協經營管理實驗場域」顧問，嘉惠更多的學子。

我在二〇一三年捐贈二千本和移工、移民及東南亞相關議題的新書給新北市立圖書館。新移民和移工的加入建構了台灣經濟發展的重要力量，需要我們進一步認識，也因此黃偉雯老師此大作的出版更別具意義。《來去馬來西亞》有別於過去坊間以美食、旅遊為主要觀點，或以傳統歷史研究論文的方式去介紹呈現馬來西亞，而是透過活潑、更另類、深入淺出的鋪陳，帶領讀者認識多元種族下的大馬——這個我們相當熟悉卻感覺遙遠的國度。讀者可從書中的資料呈現，認識這個國家特有的文化背景形成的脈絡，除了對身邊的大馬朋友的故事有更多的理解，也能更親近馬來西亞這個鄰居！

作者序：我的寫作緣起

一九九九年，當我在砂拉越州的美里（Miri）時，當地有間非常紅火的咖啡店名叫「2020」，店家賣著「dim sum」（廣式點心），一籠又一籠冒出的蒸氣在開開合合之間滿足了客人的味蕾與期待。當時走在馬來西亞的各個角落，都會看到「2020」這樣的字眼在海報或廣播裡出現。二〇〇九年，我在馬來西亞擔任首位台灣籍華文獨立中學校長，從西馬到東馬的「2020」已然換成「1 Malaysia」，當然美里那間店還是一樣強強滾，可是馬來西亞在這十年間已經有了許多變化。而我也有幸可以從上個世紀末開始的田野調查、居遊和工作，不管是哪一種目的與視角，斷斷續續地觀察了馬來西亞二十年來的轉變。

雖然說我的馬來西亞經驗是從西馬開始，但是真正讓我開始深刻觀察馬來西亞的樣貌的地方卻是東馬的砂拉越州。那一年，當飛機緩緩地在砂州上空準備下降的時候，我望向窗外蜿蜒的砂拉越河，許久許久看不到盡頭。隨著飛機越來越靠近地面，大片的雨林、整齊的紅色屋頂平房，這是東馬給我的第一印象，不知道為什麼，這片顏色飽滿、生命力盎然的土地給予我莫名親切感。那一次之後，我連續四年在暑假期間來到砂拉越州做田野調查，從一名歷史系的學生到完成一本碩士論文。在這過程中，我接觸到許多當地的「uncle」（安個）和「auntie」（安娣），對我的論文資料給予最大的幫助與支援。他們帶我跑過一間間的獨立中學、拜訪許多有志華教的地方賢達，在「Kopitiam」（咖啡店）品嚐一杯「Kopi O」（咖啡烏）與一碗「Kolo Mee」（哥羅麵）的滋味，也在拉讓江口邊享用野生螃蟹與幾手啤酒。我是來自台灣的客家細妹，卻也成為當地叔叔、伯伯、阿姨們關心的年輕來訪學生。

也就是在這個時候，我看見了因為人口外移而學生人數銳減的華校面臨倒閉，穿著短褲加吊嘎的老校董，對著我說起從他爸爸開始籌辦華校的曾經榮景到現在的蒼涼，不禁老淚縱橫。同時，我也看見了因為機場修建、天然氣的開發而迅速發展的城市，新興人口越來越多，使得原來岌岌可危的華校，也有重新遷進全新校區閃閃發光的一天。這些田調經驗將馬來西亞畫進了我的人生藍圖裡，也因此我有機會能夠成為砂拉越州西連民眾中學的校長，繼續透過我的台灣視角來關注這個國家。

二〇一四年，吉隆坡廉價航空機場「KLIA 2」正式啟用，從機場到市區的交通動線更加多元，但也因為各種建設起飛，大興土木之餘，吉隆坡的塞車問題更加嚴重。原來自二〇一〇年起，馬來西亞中央政府頒布「經濟轉型計畫」（Economic Transformation Programme，簡稱ＥＴＰ），斥資一千七百二十億令吉（約一兆三千七百六十億台幣）打造「大吉隆坡」，目標是讓吉隆坡在二〇二〇年前躋身全球二十個最宜居的城市之一。這個時期的我已經從馬來西亞回到台灣，一方面在校園執教，另一方面繼續用文字與照片記錄著馬來西亞。我出版過幾本馬國的旅遊書，這類攻略與工具書對資訊更新的嚴格要求，讓我必須要時時關心馬來西亞有哪些新的變化。我還記得二〇一四年，當我半夜在睡覺前滑手機，看見「KLIA2」啟用的新聞時，我立刻跳起來更新我的部落格資訊，並寫信給工具書的編輯，先將航廈啟用的訊息公告上網，讓有心帶著我的資訊出遊的讀者能夠掌握最新的資訊。

看到這裡，你對於前文敘述中的引號內的名詞感到陌生還是熟悉？這些是馬來西亞正在發生的事情，如果答案是前者，那麼就有閱讀這本書的必要。自戰後以來，從馬來西亞到台灣念書的學生人數始終保持數一數二，遠多於世界其他地區。我們喜歡的影視歌星，從梁靜茹、光良、品冠，乃至「拿督斯里」楊紫瓊、「拿督」李心潔等佼佼者，都是來自馬來西亞的華人。我們熟悉這個國家從華人開始，但我們不太清楚的是：馬來西亞人為什麼「國語」說得這麼好？為什麼跟馬來西亞人說「台語」也會通？

當你能清楚認知到「馬來西亞華人不等於馬來人，但是是馬來西亞人」、「國語不等於中文，而是馬來文」、「台語在當地叫福建話」的時候，你才能體會到原來馬來西亞離台灣這麼近卻又這麼遠。如果你喜歡吃泰國美食、喜歡去胡志明市自助旅行、嚮往吳哥窟之美，那麼記得還有一個東南亞國家叫做馬來西亞，她的核心來自多元種族融入至骨髓裡的日常——這裡人口最多的民族是馬來人，伊斯蘭教是官方宗教，有說著部分相通語言的南島語系原住民，操著淡米爾語的印度裔與他們經營的「Mamak檔」（嘛嘛檔），還有你沒吃過卻一定聽過的娘惹糕……這一切樣貌都是馬來西亞的一部分。

那麼，我們可以從哪裡開始理解馬來西亞？每年來到台灣就讀大專院校及海外青年技術訓練班的馬來西亞學生，姑且不論他們是以「僑生」還是「外籍生」的身分來台，這些學生在台灣就讀的期間就已經有一個運作多年的「旅台同學會」協助他們在台就讀的各項所需。回到大馬之後，在馬來西亞各州乃至各城市，都有各種「留台同學會」或是以校為名的「校友會」，年年舉辦大大小小的晚會並帶大馬有志來台就讀的青年學子至台灣參加訪問團、研習營等。對於非常需要外籍生人數加持的大專院校來說，馬來西亞的學生儼然成為最好的學生來源之一。

另一方面，自一九九〇年代之後開展的「新台灣人」認同，讓台灣的本土化運動三十年來持續蓬勃。年輕一代的台灣人對於祖籍的意識淡薄，但是馬來西亞華人即使未必接受過完整的華文教育，他們在祖籍原鄉的認知、方言的使用、家鄉味的傳承、節慶儀式的保存等方面，反倒比台灣人更有濃烈的華人特色。同鄉會的運作是馬華社會的另一個亮點。台灣的客家委員會、科技部和文化部的各種研究計畫，目前也以籍貫和地域性等主題，從台灣延伸至海外華人社會，而台馬之間的關係就透過這樣一代又一代的交流，熱絡而不停歇地傳承下去。相較多數馬來西亞華人對台灣的熟悉與關注，身為台灣人的我們不妨就從現在開始，透過馬來西亞華人的歷史，重新認識這個又熟悉又陌生的東南亞鄰國。

第一章

海上絲路：從鄭和下西洋談起

市面上以馬來西亞為主角的著作，大抵都以華人抑或是漢人史觀的眼界來立書撰述，對於華人世界以外的馬來人甚至其他原住民在馬來半島與婆羅洲島上的生活則較少人重視。不過這兩年來，在馬六甲磅礴上演的大型舞台劇《又見馬六甲》由中國導演王潮歌獨挑大梁，並且首度開拔到海外演出，讓觀眾意外地可以從這場一個多小時的表演當中，看見華人視角以外的馬來西亞面貌。雖然《又見馬六甲》不是實景山水，但馬來西亞永大集團卻為了這齣劇蓋了一座展演場地，有個能三百六十度旋轉的觀眾席、長達兩百四十公尺的舞台，總計有兩百多名的馬來人、印度裔、原住民及華裔的在地演員參與演出。

表演透過古典文學經典《馬來紀年》當中提到的「拜里米蘇拉」（Parameswara）、「鄭和」、「峇峇娘惹」、「六個母親」、「戰亂中孕育生命的母親們」、「風箏」等六個主題作為場景來闡述一個核心命題：傳承。這齣劇以馬六甲王朝為開端，講到鄭和下西洋使峇峇娘惹（土生華人）這一個族群的出現，再延伸到葡萄牙人及英國的殖民、二戰時期日本的占領，一直到今天的馬來西亞。它所要傳達的是，馬來西亞多元文化和諧共生的景貌是不同種族在這片土地上，努力地傳承自己的文化與技藝，生生不息地繁衍下去的成果。雖然導演用的是中國儒家思想慣有的「父系」、「傳承」觀，但也能看出導演企圖打開多民族的視野來闡述這個國家的故事。

《又見馬六甲》的第六幕以馬來風箏為主題，這項馬來技藝在吉蘭丹州非常出名。在這一幕中，檯面上演出的是一名風箏製作者的故事，背後的大銀幕上則不斷出現各個種族在保存文化與技藝方面的傑出人士的名字。從藤球、南印度武術、雞飯粒製作到伊班族（Iban）編織，將這些技藝發揚光大者有年輕的也有年長者，而當我看著一串串的名字在大銀幕上劃過去，我感到很意外，沒想到這齣由中國導演總籌的戲劇，竟對馬來歷史文化有比想像中更多的收納。

在撰寫這本書之前，我常常在想，為什麼在台灣討論東南亞的議題時，泰國、越南和印尼一直都是較受到關注的國家。我想泰國之所以受歡迎，大抵是因為長期累積豐沛的觀光與娛樂資源吸引了許多愛好者；越南和印尼則是因為來自這兩國的移工和新住民漸漸在台灣人口架構中具有影響力，再加上勞動市場所需，使得學習這兩國語言的人越來越多。至於其他東協成員國，緬甸與柬埔寨有他們的文化遺產加持，菲律賓則因為有個常常上國際新聞、令人印象深刻的總統，加上島嶼觀光與近年來興起的英文遊學，都使其在討論熱度上。相較之下，馬來西亞卻似乎一直未能受到台灣人的關注，不管是因為吃喝玩樂、市場考量、歷史文化、社會議題或是求學等，馬來西亞似乎都不是台灣人的首選。作為一名長期觀察馬來西亞並且與她有著深厚情感的作者，我試圖找出答案。

也許我們在台灣認識馬來西亞是從華人開始，不管是銀幕上出現的華語歌手，抑或是大學同學和公司同事，我們因為有著相似的中華文化的背景，有時甚至連方言都相通，再加上我們似乎並不覺得馬來西亞華人是需要被特別關注的「弱勢」，這些都降低了台灣人對認識這個國家的好奇心。此外，前往馬來西亞認識這個國家的台灣人，大致上也還是透過華人來認識，因此不論是在台灣或是在馬來西亞，華人是最好的橋梁。不過這也讓台灣人忽略了一個事實：即使同為「華人」，馬來西亞的華人從最早的明代下西洋到近代的下南洋，早就因為面對馬來人、印度移民、土生南島語系原住民而形成具有馬國特色的華人社會，成為對於我們而言亦近亦遠的馬來西亞。

明代以前中國史籍中的馬來西亞

馬來西亞是二次大戰以後才出現的國家名詞，以地理名詞來看，最早出現在西元二世紀由托勒密（Claudius Ptolemy）[1]所著的《地理學》（*Geographia*）。當時西方人稱這裡為「黃金半島」（Golden Khersonese）。

爾後這個區域長期受到印度文化的影響，到了七世紀時，在印度文化背景下發揚鼎盛的是發源於今日的印尼的室利佛逝王朝（*Srivijaya*）。一直到十三世紀為止，該王朝影響了今天的蘇門答臘、爪哇、馬來半島和婆羅洲的大部分地區。在這段時間內，由於中國唐宋以降「海上絲路」的發達，此地區也受到中國文化的影響。除此之外，穆斯林雖然透過阿拉伯商人的經商而在這數百年交流的過程中確立了其在馬來半島一帶的地位，但真正在這裡建立起穆斯林王國的當數十五世紀的馬六甲蘇丹王國；今天我們可以從《馬來紀年》一書中見到這段記載。

朝貢貿易在明朝的時候來到顛峰，除了有眾所周知的「鄭和下西洋」之外，明朝的海外邦交國的數量相當多，尤其與東南亞諸國頻繁往來。換句話說，在明代早就有所謂的「新南向政策」了！當然，早期中國的外交模式並非以平等互惠的原則出發，而是以大國自居的心

1 托勒密（一〇〇至一六八年）是提出「地心說」的天文學者，他的論點影響了西方一千多年的天文概念。

態進行交流。面對海外諸國，中國多對待其為藩屬國，基本上不在乎走厚往薄來的賠本貿易路線，他國若願意懷著敬意與中國友好，中國便「十倍奉還」地展現老大哥的風範與氣度。因此，明永樂十二年（一四一四年）在南京就有一隻叫「基林」的神獸等在承天門外，因為模樣與中國典籍中記載的祥獸麒麟很像，所以明成祖不勝欣喜。根據明人繪製的《瑞應麒麟圖》可以得知，所謂的麒麟就是一隻來自非洲麻林國的長頸鹿。[2]

那麼麻林國究竟是哪裡呢？據考究，麻林國位在今天的東非（有可能為肯亞或坦尚尼亞）。鄭和第四次下西洋時曾經到東非，成功地網羅了麻林國，於是麻林國遣使來明朝朝貢，就帶了當地的「土產」長頸鹿，讓南京的天子與百姓們都驚奇不已。[3]

在中國史籍中，關於馬來西亞的記載最早可以追溯到漢朝。因為當時的中國已經與印度有所往來，所以印度商人透過印度洋的季風，順著海路行經馬來半島，進行過境貿易時順道在此地補充淡水與食物，已是中外學者的共識。根據《漢書．地理志》記載：「自日南障塞徐聞、合浦船行可五月，有都元國……其州廣大，戶口多，多異物，自武帝以來皆獻見。」文中的「日南」指的是今天的越南一帶，而「都元國」指的就是今天馬來半島上的登嘉樓州（Terengganu）。

到了魏晉南北朝時代，中國史籍記載關於馬來半島上的古國有盤盤國[4]和丹丹國，[5]地理位置約莫在馬來半島的東岸及今天的吉蘭丹州一帶。除了貿易往來之外，當時的馬來半島深受上座部（小乘）佛教的影響，許多從中國赴印度取經的高僧，便選擇不經由陸上絲路的路線而改以海路經過馬來半島。

隋朝與許多南海國家有朝貢關係，譬如婆立國（今印尼峇里島，另一說是加里曼丹）、盤盤國（馬來半島北部）、丹丹國（今馬來半島中部）等國均遣使入貢，而隋代亦「禮之甚厚」，並曾派船隊出訪南海，這些史實可以透過《隋書》〈南蠻傳〉中「赤土國」一條所載（羯茶，今吉打州一帶）得知。[1]除了馬來半島之外，今天的婆羅洲也出土了許多產於唐代的陶器碎片，證明了隋唐時代中國與南洋貿易的興盛，這樣的貿易型態到了宋代更加完備。

---

2 另有一說是來自榜葛剌國（今孟加拉），但孟加拉有長頸鹿嗎？有一派的解釋是說，在十五世紀，世界的東西貿易與貨品轉運已經頗為熱絡，來自非洲的長頸鹿被運到孟加拉，搭上鄭和的船隊回到明朝。

3 北京的紫禁城在一四二〇年完工，明成祖才宣布定都北京，並在一四二一年元月正式遷都完成。

4 盤盤國是三至七世紀位於馬來半島的古代國家。

5 《梁書．南海諸國列傳》：「丹丹國，中大通二年，其王遣使奉表……謹奉送牙像及塔各二軀，並獻火齊珠、古貝、雜香藥等。」

《宋史・食貨志》卷一八六記載：「東南之利，舶商居其一。」相當有生意頭腦的宋朝在北宋期間先後於廣州、泉州、明州、溫州、杭州等地設置七個市舶司。宋室南渡之後，宋高宗為了增加國庫收入，更加仰賴市舶司的收入，獎勵外貿的成果就是市舶司收入約占國庫總收入的百分之五。

元代作為蒙古人的征服王朝，但在南海政策失利，外加三次先後對占城（位於今越南中部）及安南的用兵無功而返之後，便將對南海的注意力放在了海外貿易上。《元史・貨質志》記載：「元世祖定江南，凡臨海諸郡與蕃國往還互易舶貨者……大抵皆因宋舊制而為之法焉。」廣州、泉州、慶元（今寧波）、溫州、上海、杭州等都是元朝對外貿易的重要港口。

元代著名的旅遊家與航海家是江西南昌人汪大淵，他比鄭和早了足足七十五年，就以民間的力量，從泉州出發進行兩次的遠洋航行，而他撰寫的《島夷志略》是元代重要的地理志。汪大淵的書讓當時的人開啟了對世界的眼界。這本自費付梓的書有幸得《四庫全書》蒐羅，才得以讓後世的人知道元代航海史的精采。根據書中記載，汪大淵先後經過海南島、占城、馬六甲、爪哇、蘇門答臘、緬甸、印度、波斯、阿拉伯、埃及，再橫渡地中海到西北非的摩洛哥；他接著回到埃及，出紅海到索馬利亞，再向南行一直到莫三比克，然後橫渡印度洋回到斯里蘭卡、蘇門答臘、爪哇，再到澳大利亞；最後，他從澳大利亞來到加里曼丹島，又經菲律賓群島，才回到泉州。

《島夷志略》也提及了元朝與馬來半島的往來情況。汪大淵自一三二九年至一三四九年之間，兩次附舶遠航，其中一條航線商船從泉州出航後，則沿著海岸航行，到達交趾（今越南北部）、占城（今越南中部）、然後再航行至暹羅灣，到達真臘（今柬埔寨）、之後繼續航行到馬來半島的戎（指克拉地峽附近的春蓬，Chumphorn）、丹馬令（今洛坤，Lakom）、吉蘭丹（Kelantan）、丁家盧（今登嘉樓）、彭坑（今彭亨，Pahang），再繞過龍牙門（指新加坡海峽，Singapore Strait），到馬來半島西岸的無枝拔（今馬六甲，Malacca）、龍牙犀角（今吉打，Kedah）及龍牙菩提（今蘭卡威，Langkawi）等地。[2]

到了明代，「鄭和下西洋」帶來海洋事業朝貢貿易的高峰期，超前了西方大航海時代近百年的光景。這種朝貢貿易的出洋成就了華人對南洋的開發，是明成祖始料未及，也是鄭和無心插柳柳成蔭的結果之一。明清兩朝，長達數百年的時間，來自中國閩粵一帶的移民改變了南洋社會的面貌。從淘金、錫礦、橡膠的拓墾，到形成各種以血緣、地緣、業緣的華人社團組織，華人改變了許多城市的發展歷史、飲食文化與多元融合為基底的核心價值。而大致上與我同年代或較我年長的前輩們，在台灣還未解嚴的年代，應該都有背誦「青年守則」的經驗，其中的「華僑為革命之母」，也正是將中國現代史推波助瀾的重要力量。

給公主喝的水：漢麗寶公主井

我們聽過許多和番的公主故事，譬如文成公主和解憂公主，但是對於曾嫁到馬六甲的漢麗寶公主就相當陌生了。然而，這位漢麗寶公主的故事在馬來西亞卻廣為人知。在馬六甲的三寶廟裡，除了三寶井之外，就是這口「漢麗寶井」引得遊客駐足圍觀拍照。

漢麗寶公主的故事出自於《馬來紀年》（*Sejarah Melayu*）的記載。[6]馬六甲蘇丹滿速沙（Sultan Mansur Shah）聽聞中國皇帝明成祖的強大，便遣使向明成祖請求娶中國公主，以達成兩邦友好的目的。明成祖遣使帶了一包金針回覆蘇丹滿速沙說：「如果你可以數得出來這包金針有多少根，我就贈與滿喇加等同數量、以黃金製作的金針。」[7]蘇丹滿速沙並沒有被這種「宣揚國威」的舉動給嚇到，反而回贈明成祖裝滿整船的西谷米，並要使節回話說：「如果你們能數出來到底有多少粒西谷米，我便將整船的西谷米贈與中國。」在這一來一往之間兩國互相較勁卻又不失外交禮貌的過程中，明成祖對這個海外小國逐漸另眼相看，下令將漢麗寶公主嫁給蘇丹滿速沙，奠定了兩國長久的邦交與和平。

漢麗寶公主帶著大批的隨從遠嫁馬六甲，馬六甲當地的百姓爭相想看這個公主與蘇丹成婚的大喜事。百姓說：「生男當如蘇丹賢，生女當如漢麗寶。」蘇丹滿速沙將今天的三寶山賜給公主作為她的居住之地，並在此地建了宮殿（但已不復存在）。相傳公主喝不慣當地的水，於是她的隨從遍尋水源，最後在今天三寶山的山腳下挖到了清冽的井水供公主飲用，而這口井便是今天大家看到的「漢麗寶井」。漢麗寶公主幫蘇丹滿速沙生了兩個兒子，但後來為了救蘇丹而死於宮廷政變。

6 《馬來紀年》，原名《諸王起源》，是馬來民族歷史上的重要著作，可以說是馬來歷史從神話到信史的原始經典。這本書是以馬六甲王朝為主軸，於十七世紀時編修。雖然內容傳說與史實交雜，但因為獲得官方認可並且是馬來文獻中少數的史書，所以多數人仍然會參考史書中所記載的故事並加以考證。

7 馬六甲蘇丹王國在明史中被稱作滿喇加，且此稱也為明朝官方所用。

據《明史．外國志》卷六記載：「永樂三年九月，滿喇加遣使至京師，帝嘉之，封為滿喇加國王，賜誥印、彩幣襲衣、黃蓋，復命慶往，其使者言，王慕義願同中國列郡歲效職貢，請封其山為一國之鎮。帝從之，製碑文勒山上，末綴以詩。」由史料的詳細記載可知，明朝與馬六甲確實互通往來。在二〇〇四年馬六甲鄭和文化館開幕時，其庭院就展示了一座兩噸重的複製品石碑，上頭刻著「西南巨海中國通，輸天灌地億載同。洗日浴月光景融，雨岸露石草木濃。金花寶鈿生青紅，有國於此民俗雍。王好善意思朝宗，願比內郡依華風。出入導從張蓋重，儀文裼襲禮虔恭。大書貞石表爾忠，爾國西山永鎮封。山居海伯翕扈從，皇考陟降在彼穹。後天監視久彌隆，爾眾子孫萬福崇。」的詩句，反映了當年兩國之間的情誼。

但漢麗寶公主嫁給蘇丹滿速沙的故事在《明史》中並無記載。究竟漢麗寶公主是誰？她的原型極有可能是和中國使節隨行的普通民女，但因為長相漂亮，所以嫁給了當地的蘇丹。根據葡萄牙文獻《東方志》（*The Suma Oriental of Tome Pires*）的記載，馬六甲王朝第二位蘇丹伊斯干達（Iskandar Syah）訪問中國後，中國派出一位將軍護送蘇丹回國，將軍的女兒隨行，後來國王為了表示對將軍的尊重，便娶了將軍的女兒。兩人生下兒子名為拉吉普特（Raja Pute）；

王子因為是馬華混血自然無法繼承王位，不過他天資聰穎常常被委以重任，擔任副王。他的姪子就是後來的蘇丹滿速沙，因為擔心拉吉普特深受百姓愛戴並且會倚老賣老，便用短刀殺死拉吉普特，從此百姓對於蘇丹滿速沙不敢再有二心，奠定他在馬六甲統治的地位。

不管是馬來版的漢麗寶公主或是葡萄牙版的將軍的女兒，不論故事的真假，這位中國女性的確豐富了馬來西亞與中國之間在明代頻繁交流的故事性，在正史之外多添加了幾筆傳奇色彩。

漢都亞傳說：馬來英雄其實是華人？

如果你今天在吉隆坡搭乘單軌列車，會發現有個站名叫做「Hang Tuah」（漢都亞），而吉隆坡、怡保、馬六甲與麻坡都有以「Hang Tuah」命名的街道。有人認為「hang」有漢人的意思，「tuah」是馬來語老大的意思。但漢都亞究竟是誰？為什麼在馬來西亞享有高名聲，並且是眾人口中的英雄？而他究竟是馬來英雄還是華人英雄的爭議，讓他在馬來西亞的民族認同裡成為一個指標性的人物，受到廣泛討論。

在馬來西亞，有一部橫跨馬六甲王朝（一四〇二至一五一一年）的著名英雄史詩《漢都亞傳》，故事大概成形於十八世紀，但至十九世紀中葉才為人所知。在史詩中漢都亞共有四位夥伴，是剿滅海盜的高手，後來他們的能力被馬六甲宰相看中，連漢都亞在內一共五個人進入宮中做事，成為馬六甲王朝第五任蘇丹穆法沙（Muzaffar Shah）的臣子，也因為剿滅海盜有功所以官拜海軍司令。後來漢都亞被指責與宮女通姦，本來蘇丹下令將他處死，可是宰相將漢都亞藏匿在秘密之處並沒有處死漢都亞。

後來漢都亞的其中一名同伴漢惹拔（Hang Jebet）反抗下一任的蘇丹滿速沙，坊間盛傳只有漢都亞可以殺死漢惹拔，於是宰相把漢都亞找了回來，最後漢都亞與漢惹拔大戰七天，用了馬來短劍殺了漢惹拔。[8]從上述的故事來看，漢都亞一開始的設定是馬來英雄，甚至有一句馬來諺語，即「馬來人永不會在地球上消失」（Takkan Melayu Hilang di Dunia）就是從漢都亞的典故而來的。此外，漢都亞象徵忠誠及效忠的精神，意即不管蘇丹對他做了什麼不公的審判，他仍舊忠君愛主，只要蘇丹需要他，他不惜與從小一起長大的好友反目。

這段馬來西亞人都知道的故事，因為傳奇性強，所以很適合拿來重新拼貼與再創作，延伸出許多在歷史課本上看不見的樣貌。二〇一七年十二月，吉隆坡曾舉行「雙束現實：歷史潛流中的感覺能指論壇」，參與論壇的十多位創作者，有部分作品就是以馬來西亞為主，重新思考跟建構自已所處的世界與對歷史的想像對話。其中一位藝術創作者區秀詒就以自己曾經執行的《克里斯計畫》[3]對馬來西亞大家都熟悉的傳說英雄漢都亞做了新的詮釋。

馬來英雄漢都亞到底是真實的歷史人物還是虛構人物？甚至，還有一說他是隨遠嫁馬六甲的明朝公主漢麗寶而來到此地，所以其實是華人。馬來西亞當代政治人物非常推崇漢都亞，而馬來西亞國家博物館也設置了一座漢都亞的銅像。近年馬六甲州政府更興建了一座漢都亞村，推廣漢都亞與其五個結拜兄弟的事蹟，遊客在這裡還可以穿上馬來武術服裝，感受漢都亞故事裡的英勇精神。

區秀詒的創作除了觸及馬來傳說，也加入印度教中的神話元素，特別是《羅摩衍那》

8 根據《馬來紀年》及《漢都亞傳》裡的記載，漢都亞出生於馬六甲，但長大搬至印尼，後來又回到馬六甲才開始落地定居，之後被馬六甲蘇丹重用，他曾經隨著蘇丹來到印尼滿者伯夷國提親，但是滿者伯夷有位武士淡敏沙里卻在宴席當中假裝表演武術但實則要刺殺馬六甲蘇丹，漢都亞見狀上前與淡敏沙里比武，最後獲勝。滿者伯夷國王刺殺馬六甲蘇丹的計畫失敗但也不能表現出來，順勢就將淡敏沙里手中的馬來短劍賜給了漢都亞。

（*Ramayana*）的史詩故事。她用多重敘事來拼貼一個（不）完整的故事，打亂了時間和空間，呈現一種「借來的」聲音，叩問（國族）歷史如何被想像及書寫。[4]對我來說，用藝術來重新詮釋一個眾所周知的故事可以擺脫嚴肅的史料考證抑或是政治操作下的種族認同問題。透過藝術，我們反而可以用更寬廣的視角來看待本來就已經多元融合的馬國社會：既然可以爭論漢都亞是否有可能是華人，那麼同樣淵遠流長的印度文明當然也可以成為豐富漢都亞身世想像的來源。如同我在前文所述，從華人的角度來觀看馬來西亞的面貌，本來就可能不夠完整與周全，而身處台灣的我們也更少能將研究與想像延伸到印度帶給馬來西亞影響的那一面。這場論壇的成果著實令人有柳暗花明之感。

從鄭和的三寶船隊開始，峇峇與娘惹的歷史之路

二〇一〇年，在南京有座太監墓出土，墓的主人是洪保，他是鄭和下西洋時三寶船隊的副手，和鄭和同樣是雲南回族人。說到這兩人的起家，他們一開始都是在洪武年間朱元璋派

兵攻打雲南時，當時本名為馬和（小名三寶）的鄭和與洪保一同被擄至南京成為太監。兩人在靖難之役時立下不少功勞，因此朱棣稱帝後，視馬三寶在北京鄭村壩立下的戰功，便賜姓為鄭。洪保隨著改姓後的鄭和一起下西洋，實際上也是下西洋船隊的領導者之一。

當年的三寶船隊浩浩蕩蕩兩百多艘，出洋人數高達兩萬人以上，隨行的船員至少有五十種以上的職業各司其職，彷彿一座海上移動城市。鄭和雖為三寶太監，但實際上他更像一名公司的執行長，而洪保就像是副執行長一樣。根據洪保墓出土的墓誌銘記載：「充副使，統領軍士，乘大福等號五千料巨舶，齎捧詔敕使西洋各番國，撫諭遠人。」一料是古代計量單位，若以一石糧為一料，五千料相當於兩千五百多噸。這是相當驚人的數字；在明代完全只用木造的船隻，其排水量可以超過兩千噸，相較後來百年後的西方大航海時代，哥倫布的船隊排水量也不過一千五百噸上下。

洪保的墓誌銘更加證明了鄭和下西洋那段中國最輝煌的海洋史上各種基本數據的真實性，其墓誌銘也詳細地描述了宣德五年（一四三〇年）下西洋的路線：

由占城到爪哇，經過滿喇加、蘇門答臘、錫蘭山（今斯里蘭卡），而後船隊抵達印度的卡利卡特（又稱古里，今天印度的喀拉拉邦〔Kerala〕）。眾人聽說有個國家叫「天方」

（今麥加），尚未有中國人去過，於是洪保便率馬歡等七人前往該國。墓誌銘提到：「遠人駭其猝至，於是以親屬隨行奉貢。公所至諸國，莫不鼓舞感動……以麒麟、獅、象，與夫藏山隱海之靈物、沉沙棲陸之奇寶同貢天朝，稽顙稱臣焉。」

當鄭和船隊來到馬六甲時，據傳曾駐紮在今天馬六甲老城區附近的小山丘，也就是現在的「三寶山」，馬來文稱這座山丘為「武吉支那」（Bukit Cina），即是中國山之意。目前這座三寶山仍是當地最大的華人墳山（墳地），山腳下的寶山亭，便供奉鄭和。隨著中國喊出的「一帶一路」政策，這裡恰好就是印證海上絲路最重要的據點。對於想重新複製明代鄭和下西洋時的海上風光的中國而言，有著鄭和井的寶山亭，某部分來說代表著中國勢力在馬六甲海峽的延伸。其實不光是寶山亭與旁邊的漢麗寶井，離市區有一段距離的馬六甲海峽清真寺，這些在近年都成為中國遊客參觀的熱門地點。也許井本身的可看性見仁見智，但馬六甲海峽清真寺旁一座寫著「世界最長暨最繁忙之海峽」的告示牌，站在這裡遠眺馬六甲海峽，還真的頗能發思古之幽情。

名聲響亮的「峇峇與娘惹」（Baba Nyonya）的起源可以追溯自這段鄭和下西洋的歷史。當初下西洋時，有不少的船員來自福建，動輒兩萬人的出洋人數並不會每次都全數歸隊、回到中國。隨著下西洋的次數漸增與時間拉長，這種朝貢貿易的出洋反而成就了華人對南洋的開發。不少華人男子在馬六甲一帶落地生根，娶了當地的女子為妻。當地人聽到華人稱呼父親為「阿爸」，稱呼母親為「阿娘」，因此馬華融合生下的後代便沿用這樣的發音，女子稱為「娘惹」（Nyonya），男子便稱為「峇峇」（Baba）了。

過去許多資料顯示，當年鄭和下西洋的華人船員娶了馬來人而形成娘惹與峇峇的族群，但實際上華人與馬來女子通婚的比例應該不占多數，因為當時還存在著原住民或是來自其他島嶼的移民。再加上，基本上華人若嫁娶信仰伊斯蘭教的馬來人必須跟著改信伊斯蘭教。不過十九世紀以前的馬來半島上的穆斯林並沒有嚴格執行伊斯蘭規範，所以有些華人娶了馬來女子之後並沒有恪守伊斯蘭的生活準則，而太太也同意先生的華人認同。回過頭看看娘惹峇峇文化，從飲食到服裝，以及傳統中華文化根深蒂固的價值觀，華人的色彩濃厚，的確看不太到強烈的伊斯蘭風格。因此，當初與華人通婚的當地女子應該還有很大一部分是信仰其他宗教的當地土著女子，或是華人與華人之間互相通婚，只是隨著移居異鄉，生活習慣都摻合了馬來文化的特色，但核心的傳統價值觀還是有著中華味道。

海峽殖民地的峇峇娘惹：土生華人與新客的認同

提到馬來西亞華人，我們多數都想到他們會說華語、閩南語、客家話等台灣人也熟悉的方言，但實際上，若要詳述馬來西亞華人歷史，就一定要瞭解當地的華人社會大抵分為「土生華人」與「新客」兩大類。他們在今天的馬來西亞落地生根，但兩類社群成形的時間不同，各自的背景與生活習慣也大不相同，因而在馬來西亞交織出豐富而耐人尋味的華社樣貌。

華人大規模地下南洋是在清末民初，相較十五至十六世紀就漸漸在馬來半島打造出馬華融合的社會的土生華人，這些大批下南洋的華人就成為所謂的「新客」。操著摻雜馬來語加福建話及其他方言、重視「慎終追遠」與傳統中華文化的峇峇娘惹，可說是時代下的一種特殊產物。按照現在的馬來西亞政策規定，華人娶馬來人為妻必須改信伊斯蘭教，這是現今馬華社會中另一個值得探討的族群——馬華穆斯林（詳參本書第七章）。在政策的規定下，馬華穆斯林的後代被歸類為馬來人，而非華人。換句話說，在現在的馬來西亞，峇峇娘惹的族群人數不再可能因馬華通婚而增加，但這也是峇峇娘惹的文化之所以如此吸引人的原因。

今天要感受峇峇娘惹文化，就要來到檳城、馬六甲及新加坡這三個地方。它們在過去有一段很長的時間，從一八二六到一九四六年，同屬於英國的「海峽殖民地」（Straits Settlements，又被華人稱作「三州府」）。

海峽殖民地的形成

十八世紀是英法兩國海上競逐的年代，而素有「海上馬車伕」之稱的荷蘭早在十七世紀時就在海外站穩了腳步，因此十八世紀的東南亞勢必會興起英、法、荷三國角逐殖民地的戰爭。

當時的英國已然從「七年戰爭」[9]（一七五六至六三年）中確立了對印度的控制。英國東印度公司為了擴大南亞到東南亞的貿易，必須在東南亞建立一個根據地，作為修建船隻、補充糧食的地方。此時馬來半島南端的馬六甲（柔佛王國）已是荷蘭控制的地區，而北部的吉打、吉蘭丹及登嘉樓等地正處於暹羅的控制範圍內，並急欲擺脫暹羅（今泰國）。英國人找到了機會提供吉打蘇丹武力援助，趕走暹羅並敉平吉打政局混亂的局面，前提是吉打蘇丹

9 七年戰爭是歐洲兩大軍事同盟為爭奪殖民地而爆發的一場大規模戰爭。這兩大軍事同盟分別是「英國─普魯士同盟」和「法國─奧地利─俄國同盟」。一七六三年二月十日，英法簽訂《巴黎條約》。在這場戰爭中，英國是最大的贏家，開啟了邁向海上霸權之路，而法國則被迫將整個加拿大割讓給英國，並從印度撤出，只保留少數市鎮。

給予英國在境內設立商站及貿易的條件，但這一次的談判最後仍不了了之。

經過十多年，緬甸與暹羅在一七八五年爆發戰爭，吉打腹背受敵，因此吉打蘇丹再次尋求英國東印度公司的協助，並同意讓出檳榔嶼的管理權給英國以換取保護。一七八六年，英國人法蘭西斯・萊特（Francis Light）正式登陸檳榔嶼，並由東印度公司任命他為檳榔嶼的總督，檳榔嶼也改名為威爾斯親王島（Prince of Wales Island）。一八〇五年，檳榔嶼被東印度公司劃為印度的第四省區，與加爾各答、孟買、馬德拉斯（Madras，今清奈）並列。

十九世紀前後，歐洲正是拿破崙橫空出世的時代。英國受荷蘭國王所託，代管荷屬殖民地，英國趁機順利接管馬六甲及擴張在馬六甲海峽的勢力。今天馬六甲著名的「荷蘭城紅屋」（The Stadhuys Complex）前的「維多利亞女王噴泉」（Queen Victoria's Fountain）就見證馬六甲這段從荷蘭到英國的殖民的過程。一八一五年，拿破崙戰敗之後，根據維也納會議的補償原則，英國歸還爪哇及馬六甲給荷蘭，而荷蘭僅允許英國人在巴達維亞（今雅加達）一帶進行貿易。英國此時在東南亞只剩下檳榔嶼及明古連[10]（Bencoolen）兩個據點，因此決定要在馬來半島的南端——今天的新加坡——再開闢新據點。

當時的新加坡屬於柔佛王國的領土，由「天猛公」[11]阿都・拉曼（Temenggung Abdul

Rahman）管理，登陸的英國人湯瑪斯．史坦佛．萊佛士（Sir Thomas Stamford Bingley Raffles，一七八一至一八二六年）與天猛公達成協議，在此處設立商站，並迎回因受武吉斯人（Bugis）[12]脅迫而流亡在外的太子東姑．胡珊（Tunku Hussein），太子回到柔佛王國後正式登基為蘇丹，萊佛士因護王有功，所以與蘇丹正式達成協議，獲得了新加坡的控制權。

英國的勢力伸入馬來半島南端之後，引起了荷蘭的不安；此時的英國在海上的勢力如日中天，荷蘭卻已日漸西山。自一八一九年起，兩國經過多年的談判，終於在一八二四年達成《英荷條約》的協議：

1、荷蘭把在印度的貿易據點轉讓英國。

2、荷蘭將馬六甲讓給英國，並從此退出馬來半島的範圍。

3、英國將明古連和其他在蘇門答臘占領的土地轉交荷蘭。

《英荷條約》的簽訂鞏固了英國在馬來半島的殖民統治。檳城、馬六甲及新加坡成為馬

---

10 今印尼蘇門答臘島上的明古魯省。

11 馬來蘇丹給予的榮譽稱號，詳細內容可參考本書第七章。

12 武吉斯人又稱布吉人，是生活在印尼蘇拉維西島的民族之一。部分武吉斯人會移居到不同的島嶼。

來半島的政經中心。英國為了統一行政與財政，在一八二六年將這三地合併成為海峽殖民地，總部一開始設在檳榔嶼，後遷至新加坡。

海峽殖民地一開始由印度總督兼管，在英國於一八五八年正式將印度視為直屬殖民地之後的第九年，海峽殖民地也脫離印度管轄，正式成為英國直轄的殖民地。英國在一八六七年公布歸化令，海峽殖民地的人可以歸化為英國籍，因此令這個地方的華人形成一個特殊的族群。

峇峇娘惹的特殊性

從十五世紀以來到十九世紀，在歷史因素及貿易發展的背景之下，峇峇娘惹在馬來半島出生後開始生根發展，並在英國成立海峽殖民地後被稱為「海峽華人」。他們受英文教育，接受英國文化的涵化。海峽華人在一九〇〇年組織「海峽英籍華人公會」，效忠英國，在社會化的層面上明顯與英國較為親近，也因此在英國殖民的年代，峇峇娘惹屬於社會的中上階層。

就族群內化的價值觀來看，峇峇娘惹在家庭中保留了大部分的華人特質；傳統儒家思想中的「長幼有序」、「慎終追遠」、「男主外女主內」等與中國大同小異，甚至很多細節比中國華人還要再更傳統。譬如，娘惹不隨便拋頭露面，從小就要學習女紅，為自己縫製嫁衣及繡花鞋，學會搗杵各種香料，做一手好吃的娘惹菜，具備這些賢妻良母技能的才有可能嫁給門當戶對的好人家。

峇峇娘惹逢年過節時的飲食準備豐盛，他們向祖先牌位跪拜，清明掃墓、端午吃粽子、中秋吃月餅等習俗與華人並無二致。而峇峇娘惹的家中擺設也大量地保存中國式的風格，房型門面窄而深，分為好幾進；這個特點跟當時英國殖民時代依照門的闊度來決定稅金有關，所以有錢的峇峇娘惹為躲避高額稅金，會以窄門為主，但屋內是庭院深深。此外，他們也喜歡使用屏風、明清風格的紅木桌椅，有些長輩還會在家中擺放棺木，留給自己百年後所用。

在器皿的使用上，峇峇娘惹最喜歡桃紅和淺綠的顏色，圖案則有代表財富地位的鳳凰，以及象徵愛情美貌的牡丹。他們喜歡瓷器，富有的峇峇娘惹家族會向中國景德鎮訂製瓷器，至今還可以從瓷器的底部看見「同治」與「光緒」的字樣，見證峇峇娘惹在南洋發展的高峰期。

語言上他們不會說華語，但是會說自己祖籍的方言，摻入馬來語及英語，形成特別的

「峇峇馬來語」（Baba Malay），使用這種語言的以馬六甲及新加坡的峇峇娘惹居多。而福建移民占多數的檳城，當地的峇峇娘惹就以福建話為主，再摻雜馬來文，稱為「峇峇福建話」。不過隨著時代的變遷，峇峇娘惹的族群特殊性不再，這些語言都已經成為瀕危的語言。

峇峇娘惹的沒落

從鄭和下西洋以來，伴隨著西方歷史的大航海時代到新帝國主義，在東南亞出現了一群歐洲人與亞洲人通婚的後代，俗稱「歐亞人」。譬如葡萄牙人殖民馬六甲，他們與當地人混血的後代隨著葡萄牙的版圖擴張來到澳門。峇峇娘惹雖然不是歐亞混血，但因為社會化層面上親近英國，加上這一族群相較同時期的新客華人來說，視中國為祖國的意識已逐漸淡化（有些土生華人更自詡為「皇家華人」，而這裡的「皇家」指的正是大英帝國），因此他們也可以被看作是歐亞人的其中一支族群。隨著一八六九年蘇伊士運河的開通，大大縮短歐洲到亞洲的距離，大量的歐洲人來到亞洲，使殖民政府開始避免過多歐亞人在政經上取得高位，因此這些歐亞人漸漸不再因其獨特性而占有優勢。但即使如此，這些人的社經地位仍然遠高於清末民初胼手胝足來到南洋打拚的華人新客移民。

二次大戰期間，日本曾經在一九四一年底到一九四五年大舉入侵東南亞。在戰爭期間，華人的長相在日本殖民下容易被貼上「抗日」的標籤。此時的峇峇娘惹已經歷英國一百年的殖民，其華人傳統思想已逐漸淡化；他們有部分人選擇與日本合作，將財產捐出以表達與日本合作的態度，但也有許多峇峇娘惹想辦法逃離出生地，到海外求生存。不過，還有一部分的峇峇娘惹仍然認為自己是華人的後代，被日本占領期間反而激起認同自己華人身分的決心，加入抗日的行列——這一批峇峇娘惹成為「再華化」的關鍵，藉此褪去土生華人過去的光環。雖然二戰結束後，土生華人領袖陳禎祿先生成為「馬來西亞華人公會」第一任的總會長，但日本殖民馬來半島的三年八個月確實是大大削弱峇峇娘惹在海峽殖民地中政治與經濟影響力的關鍵期。

雖然峇峇娘惹在外貌上與其他華人移民相去不遠，但從語言、飲食及用品所反映出的族群特色使他們獨樹一幟，即便是從外人眼光來看，土生華人與新客之間的差異也歷歷可辨。

第二章

殖民開端：新舊帝國主義交錯下的馬來亞

在過去，航海家們經由伊比利半島之西開始迎向未知的大西洋世界時，曾留下「陸止於此，海始於斯」（Onde a terra se acaba e o mar começa）的大氣名言。當年葡萄牙人沿著非洲沿岸，一路往南尋找非洲的盡頭，最後繞過非洲南端的好望角，來到了印度洋。一個富饒的東方世界改變了全世界的生活。世界體系開始進入物種大交換的時代，而香料、白銀的豪取掠奪，使西方國家開始以帝國主義作為前進東方的總指揮方針，興起了一連串宗教、貿易及殖民的強勢入侵。馬來亞也在這個時代下開始蛻變。

葡萄牙攻占馬六甲

十五世紀的歐洲正值風起雲湧的時代。扼守貿易之路的拜占庭帝國，正水深火熱地與鄂圖曼土耳其人交戰；海上通商之路的咽喉則掌握在阿拉伯商人以及熱那亞和威尼斯等商業城市的手上。西歐各國急需一條嶄新的路線，以解決取得香料等日常生活所需的貿易之路。

此外，自七世紀開始崛起，已經與西方基督教世界抗衡數百年的伊斯蘭勢力，讓伊比利半島長期陷入再征服運動（The Reconquista）當中。因此半島人迫切地希望找到傳說中祭司王約翰[1]的東方基督教國度。黃金（Gold）、傳播福音（Gospet）、王者的榮耀（Glory），這「3G」成為推動伊比利半島上的歐洲人邁向大航海時代的重要主因。

一四一五年，年僅二十一歲的葡萄牙王子恩里克（Infante Dom Henrique）與父親若奧一世（John I of Portugal）一起作戰，成功控制直布羅陀海峽的休達（Ceuta），打開了葡萄牙向世界擴張的開端。恩里克王子此後更加醉心於航海事業，探險家們也陸續發現了西非沿岸至非洲南端好望角的路線，立志要取得前往印度貿易的先機。一四三一年，明朝的鄭和第七次下西洋；翌年，葡萄牙也成功取得了大西洋上的殖民地亞速群島（Açores）。

一四九八年，瓦斯科・達伽馬（Vasco da Gama）抵達印度的卡利卡特，成為第一個抵達印度的歐洲人。當印度成為葡萄牙重要的亞洲貿易據點時，當地商人得知，若要與中國保

1 中世紀的歐洲一直流傳著遙遠的東方有位「祭司王約翰」，是耶穌出生時曾經從神秘的東方循著「伯利恆之星」來到馬槽，將乳香、沒藥、黃金作為禮物獻給耶穌的「東方三聖人」的後代。這個東方國度相當富庶，其國王是一位虔誠的基督徒。十字軍東征期間，困守敘利亞的十字軍相信這位東方國王將會率十萬大軍前來救援。這樣的傳說從十字軍東征時期開始就在歐洲人的心中不曾抹滅。

持良好的貿易往來，就必須要擁有馬六甲作為東南亞的貿易轉運站。據明朝慎懋賞的《四夷廣記》中記載：「滿喇加國，舊為暹羅屬城，不稱國，因海有五嶼，遂有五嶼之名……舊亦無王，只頭目管事，遂輸四十金於暹羅。」簡單來說，那時候的馬六甲只是一個很小的漁村。

據《馬來紀年》記載，馬六甲第一位統治者是來自室利佛逝王朝的拜里米蘇拉王子，他與爪哇都馬板（Tumapel）王朝的公主成婚後發動叛變，先後至新加坡、麻坡及馬六甲一帶建立政權。據說當他由麻坡北上至馬六甲時，曾經看見一種叫做「鼠鹿」的動物在馬六甲樹（又名餘甘子樹）下將兇猛的狗踢入馬六甲河中，因此他選擇了這個地方作為建城的起點，並以「馬六甲」作為城市的名字。一直到今天，馬六甲這座城市還有一句口號：「一切從馬六甲開始」。鼠鹿的形象至今仍保留在馬六甲地標荷蘭城紅屋前的維多利亞女王噴泉池邊。

拜里米蘇拉清楚知道，若要從小漁村晉升為有競爭力的小國家必須要有海外友邦的支持。因此明永樂元年（一四〇三年），當有一位叫尹慶的太監早鄭和一步出使南洋並來到滿喇加時，極需獲得明朝的支持的拜里米蘇拉便派遣使臣隨著尹慶返回中國。明永樂三年（一四〇五年），明成祖正式冊封拜里米蘇拉為「滿喇加國王」。[2]明永樂九年（一四一一年），拜里米蘇拉國王還帶著妻子與隨行大臣數百人至中國覲見明成祖。[3]

十六世紀初，葡萄牙遠征軍司令迪亞哥・西奎伊拉（Diogo Lopes de Sequeira）登陸馬六甲，帶著葡萄牙國王的禮物與信件會見當時馬六甲王朝首相墨泰希（Tun Mutahir），希望能夠簽訂兩國和平通商條約。當時的馬六甲蘇丹瑪末沙（Sultan Mahmud Shah）有意答應，但流有印度血統的首相忌諱馬六甲若與葡萄牙順利通商，將會阻礙印度的商業利益，於是與印度商人裡應外合，企圖抓住葡萄牙司令西奎伊拉，不過最後西奎伊拉仍成功逃走。

2 據《明史》記載：「永樂元年十月遣中官尹慶使其地，賜以織金文綺、銷金帳幔諸物。其地無王，亦不稱國，服屬暹羅，歲輸金四十兩為賦。慶至，宣示威德及招徠之意。其酋拜里迷蘇剌大喜，遣使隨慶入朝貢方物，三年九月至京師。帝嘉之，封為滿剌加國王，賜誥印、彩幣、襲衣、黃蓋，復命慶往。其使者言：『王慕義，願同中國列郡，歲效職貢，請封其山為一國之鎮。』帝從之。制碑文，勒山上，末綴以詩曰：『西南巨海中國通，輸天灌地億載同。洗日浴月光景融，雨崖露石草木濃。金花寶鈿生青紅，有國於此民俗雍。』」

3 據《明史》記載：「九年，其王率妻子陪臣五百四十餘人來朝。抵近郊，命中官海壽、禮部郎中黃裳等宴勞，有司供張會同館。入朝奉天殿，帝親宴之，妃以下宴他所。光祿日致牲牢上尊，賜王金繡龍衣二襲、麒麟衣一襲，金銀器、帷幔衾裯悉具，妃以下皆有賜。將歸，賜王玉帶、儀仗、鞍馬，賜妃冠服。瀕行，賜宴奉天門，再賜玉帶、儀仗、鞍馬、黃金百、白金五百、鈔四十萬貫、錢二千六百貫、錦綺紗羅三百匹、帛千匹、渾金文綺二、金織通袖膝襴二；妃及子侄陪臣以下，宴賜有差。禮官餞於龍江驛，復賜宴龍潭驛。」

葡萄牙為了報仇，在一五一一年派出了著名戰將阿方索・阿爾布克爾克（Afonso de Albuquerque）攻打馬六甲，蘇丹瑪末沙戰敗，葡萄牙正式占領了馬六甲。今天的馬六甲仍可見到當初葡萄牙人所建立的碉堡「法摩莎堡」（A Famosa）。這座堡壘由阿方索所建，初期是作為葡萄牙人占領馬六甲的城堡。到了十七世紀荷蘭人入侵馬六甲，砲轟了城堡，使其只剩一小部分要塞無損，後來荷蘭人重新安置部分砲台，修復其中一部分城牆，並在牆上刻了「VOC（荷蘭東印度公司）」的標誌。到了十八世紀，英國人接管馬六甲之後再次炸毀這座堡壘，只留下現在這座聖地牙哥古城門。

葡萄牙人為了拓展自己在馬六甲的勢力，鼓勵葡人與當地土著婦女通婚，以增加信仰天主教的人口。馬六甲總督還曾經給予通婚的土著婦女耕地作為嫁妝。凡走過必留下痕跡。今天的馬六甲有一座葡萄牙村，賣著高於市區價格的海鮮，但是仍吸引來自各地的觀光客前來大啖美食。葡萄牙村的村口還有著一座仿製巴西基督像的小型基督像；雖然複製並無創意，但是仍可以從這個馬六甲海峽邊上的觀光景點嗅出，馬六甲仍然沒有忘記曾經被葡萄牙人殖民的過去，現今尚有許多土生葡人的後代，依稀見證這段歷史。[4]

荷蘭進入馬六甲

十七世紀是荷蘭人成為海上霸權的光輝年代。此時的荷蘭人開始在東南亞展開貿易，挑戰了葡萄牙在此地的香料貿易壟斷權。在與葡萄牙經過多次海戰之後，荷蘭的勢力漸居上風。

馬六甲王朝最後一任蘇丹瑪末沙在葡萄牙人占領馬六甲後，與其部分部族逃到馬六甲河上游的巴莪（Pagoh），獲得彭亨蘇丹的幫助，因為當時彭亨算是馬六甲王朝的朝貢國。後來，在蘇丹瑪末沙停留彭亨期間，彭亨的王子與瑪末沙的女兒成婚，兩國關係更加緊密之後，蘇丹瑪末沙決定再遷移到民丹島（Palau Bintan）。[5]一五二八年，瑪末沙過世，其

4 所謂「土生葡人」是指十六世紀後，葡萄牙人從馬六甲到澳門的殖民之下與當地人通婚形成歐亞混血兒族群。十七世紀，荷蘭擊潰馬六甲的葡萄牙軍隊，葡人歐籍軍隊和官吏都被遣配到印度，只剩下這些歐亞混血兒。土生葡人說著混合了葡語、馬來語、漢語方言等融合而成的「克里斯坦語」（Kristang）；而在澳門的土生葡人則說著以葡語為基礎並加入馬來語、粵語、英語、爪哇語等融合而成的「澳門土生葡語」（Patuá）。不管哪一種，現在都已經是瀕危的語言了。

5 民丹島是今日印尼的島嶼之一，但在地理位置上離新加坡很近，過去常是馬來人與武吉斯人的兵家必爭之地。

子阿勞丁（Alauddin Riayat Shah II of Johor）成為首任的柔佛蘇丹，領土控制了柔佛、廖內及蘇門答臘的一部分。瑪末沙與他的兒子阿勞丁都對故土馬六甲懷有收復的抱負，先後在一五二三至一五三六年間多次反攻馬六甲，但都以失敗告終。這段時期的反攻遭到葡萄牙人小達伽馬（Estêvão da Gama，第一位到達印度的葡萄牙人達伽馬之子）的抵抗；小達伽馬當時被任命至馬六甲擔任軍官，與瑪末沙及阿勞丁打了很多場戰爭，阿勞丁在多次被打敗後被迫簽訂合約，約定柔佛王朝不再武力侵犯馬六甲，這個和約維繫了短暫的和平。[1]

此時，印尼的亞齊蘇丹國開始成為馬六甲與柔佛的第一大敵人，為了避免馬六甲落入亞齊之手，馬來半島上多個王國曾協力對抗亞齊入侵。這段時間柔佛王國、亞齊蘇丹國與葡萄牙持續搶奪馬六甲海峽的控制權。一六三六年，亞齊蘇丹國的蘇丹去世，國勢日漸衰弱，亞齊開始退出爭奪馬六甲海峽控制權的競爭。

一六四〇年，荷屬印尼總督安東尼．馮．迪門（Antonio van Diemen）下令包圍馬六甲，除了有大型船艦連日砲轟法摩莎堡，也獲得柔佛馬來人的幫助。葡萄牙人戰敗之後的馬六甲一片斷垣殘柱，幾乎沒有一棟完整的建築。一六四一年，荷蘭正式占領馬六甲，直到一七九五年。

公司還是國家？客家人的蘭芳共和國

在荷蘭占領馬六甲期間，還有一段鮮為人知、和華人有關的歷史。在十八世紀末，今天的婆羅洲島上有個號稱比「中華民國」還早成立的民主共和國——「蘭芳共和國」。究竟這個由客家人所建立的「共和國」與荷蘭存在什麼樣的關係？這可以從數百年前，華人向海外移墾所形成的特殊「公司」制度開始談起。

清雍正初年，海禁政策漸寬，華人至南洋開墾的風氣日漸成長，更有所謂的「綠頭船」、「紅頭船」來暱稱由閩粵前往南洋發展的船隻。[6]婆羅洲（含今沙巴及砂拉越二州、印尼的加里曼丹和汶萊）的天然資源豐富，依照華人刻苦耐勞的民族性，要在這裡致富是可預見的榮景，因此造就了十八世紀在西婆羅洲的三大華人公司，分別是：「大港公司」、「三條溝公司」及「蘭芳公司」。這三間公司的地理位置均在今天的印尼境內。雖然到了一八八四年蘭芳公司在荷蘭勢力的干預下漸漸式微，使大量的華人移至砂拉越另起爐灶，但

6　沿海商船塗漆用來識別，閩船塗綠，粵船漆紅。

也促成華人在砂拉越開啟新的篇章。

許多人喜歡用「蘭芳共和國」來稱呼「蘭芳公司」，但我認為稱呼為「公司」較為恰當。實際上不論是「共和國」或是「公司」，都是承繼明清以來中國地方與仕紳社會的延伸。隋代開啟了科舉考試，該制度完備於唐代，興盛於宋代，這樣的制度促成了中國社會的上下流動。不過科舉的功名無法世襲，所以士大夫及其家族利用婚姻來殷實人脈關係，形成一種龐大的仕紳影響力。明清兩朝有功名的讀書人或是退休的官員，構成了「鄉紳」、「地方仕紳」的地方勢力，他們頗受到地方官府的禮遇，也相當受到村裡百姓間的敬重。於是這群「地方仕紳」成為明清時代溝通朝廷與民間的橋梁；以好的方面來看，他們具備了啟迪民智、協助地方政府賑災、宣達政令以及分擔地方政府工作的優點。這樣的模式成為穩定明清兩朝地方秩序的助力。

清末，閩粵的華人掀起了一股「下南洋」的移民潮，將原鄉維繫地方秩序的模式帶進移墾社會，進而促成一種傳統經濟組合的通稱——「公司」。這是一種由一群有共同目標合力創業，共同認定各自所占的份數，盈虧及責任亦照份數分配的經營稱呼。這樣的說法至今還影響著馬來西亞華人的日常生活用語，如果說一群人叫一桌菜，大家分著享用並且平攤費用，那麼他們就會說：「等一下的晚餐我們公司吃。」

西婆羅洲三大華人公司上自領袖下至所屬成員，皆以鞏固血緣與地緣為維繫公司發展的中心宗旨。相同或相近的方言成為海外華人社會發展的基礎。以蘭芳公司為例，一七〇年從中國嘉應州來到印尼坤甸（Pontianak）的客家人羅芳，在當時的環境下組織蘭芳公司，各公司管控一定的勢力範圍，其行政管理機構稱為「總廳」，總廳的領導稱為「伯」，所以蘭芳公司的領袖羅芳伯先生，其實有可能是姓羅名芳，「伯」這個字代表職稱或是尊稱。

十八世紀西婆羅洲首次有從汶萊南移的華工到此地淘金，收穫顯著，當地的土著領袖於是開始歡迎華工到當地開墾。土著領袖認為華人是對當地有幫助的一群人，可以帶來財富也可以墾荒，因此對待華人與對待西方入侵者的態度不同。隨著開礦的興盛，至十八世紀末，已有近十萬華人到此地開墾，構成了「公司」的主力，而「蘭芳公司」就是其中由客家人建立的佼佼者。

十九世紀初，荷蘭東印度公司的勢力已然控制了印尼坤甸與三發兩地，這兩個據點恰好位在華人三大公司的南北兩端，因此荷蘭的擴張造成了華人公司的貿易受挫。荷蘭東印度公司後來更以賄賂的方式，收買了蘭芳公司的第五任首領劉太，將蘭芳公司變成荷蘭東印度公司的附屬，使蘭芳公司淪為荷蘭東印度公司的傀儡而步步瓦解。一八八四年，蘭芳公司末代首領劉生病故，荷蘭東印度公司強制取代蘭芳公司，使得叱吒西婆羅洲百年風雲的蘭芳公司就這樣被荷蘭蠶食鯨吞，走上結束的命運。[2]

歷史學界中對蘭芳共和國的討論並不是太多，在中文研究中倒是有一些論文是出自於客家研究的範疇，甚至在二〇〇六年行政院客家委員會推出一齣客家戲《羅芳伯傳奇》，讓這段歷史透過戲劇被更多年輕一代的人看見。若以現代的角度來看，也許大家會對「共和國」這個名詞更有興趣，因為就在十八世紀末竟然在婆羅洲上出現一個由華人自主成立的「共和國」，這時間甚至早於美利堅合眾國的共和體制的實踐——美國直到一七八九年才由喬治·華盛頓當選首任總統。但是如果看完前文的敘述，相信能夠理解為什麼我在這裡認為「公司」更適合「共和國」。或者，如漢學家高延（J. J. M. DeGroot）在關於蘭芳公司研究的重要著作《婆羅洲華人公司制度》中所述：

> 如果對從前的婆羅洲公司制度做進一步研究而不止於接受流行讀物的說法，那麼就會出現這樣兩個主要問題：第一，這些基本來自中國普通農民階層的移民群從何處獲得組織有秩

序社會的基本能力？第二，公司強烈的共和式民主精神源於何處？[3]

高延在他對婆羅洲華人公司制度的研究中，提到了來自中國的普通農民為什麼有能力組織大型公司並有著共和國的規模。即使蘭芳共和國擁有行政體制，採用兵民合一的體制，並且也有中央與地方的劃分，但這個共和國從成形到運轉一百一十年的時間，最根本的基礎是建立在中國的「村社制度」之上。在中國，傳統的村社常常是單一姓氏的村落，族長則是這些地方的權力核心。這樣的模式移轉到海外，由一位族長帶領一批人前往異鄉開墾，透過各種方法建立具有規模的合作團體，就形成了早期華人移民社會慣有的思維跟模式。因此就貼近歷史原貌來看，以「公司」稱呼蘭芳比起「共和國」更加適合。

日不落國在砂拉越

你聽過「字典情人」這樣的名詞嗎？二〇〇三年，由好萊塢著名女星潔西卡・艾芭

（Jessica Marie Alba）主演的電影《字典情人》（*The Sleeping Dictionary*）以砂拉越叢林，非常少見的以當地原住民伊班族與英國白人拉惹[7]時代的布洛克王朝（Brooke Dynasty）為時代背景。這個王朝是英國的保護國，在砂拉越有著一百多年的歷史，但對於馬來西亞的歷史來說，卻是段常常被人遺忘的過去。

所謂的字典情人就是專門服侍英國派去砂拉越的官員，打理他們生活起居，還包括陪睡、解決男性的生理需求。但字典情人最重要的工作是教導英國官員快速學會當地的語言。這樣的模式在布洛克王朝存在於叢林之間。字典情人即使與英國官員產生感情也不能嫁給他們，否則會被處死。不過有許多字典情人生下了英國官員的非婚生子女，如果是女兒，她們就會繼續擔任字典情人這樣的工作。這部電影大概是極少數能夠呈現今天砂拉越州在被英國殖民時期的原住民生活及其與英國白人互動的作品。

相隔近二十年，終於又再度有一部以砂拉越州歷史為背景的好萊塢電影《Rajah》。這部電影在二〇二〇年的坎城影展中首度亮相。一八二五年是砂拉越的白人拉惹時代的開始，將近兩百年過去，如今把這段日不落國的婆羅洲榮光搬上大銀幕，可以讓更多人看見東馬不一樣的歷史。這部電影由著名ＭＶ導演邁克爾·豪斯曼（Michael Haussman）執導，金球影帝強納森・萊斯・梅爾（Jonathan Rhys Meyers）主演，澳門賭王的千金何超儀也參與拍攝。這部電影講述的是英國探險家詹姆士・布洛克（James Brooke，一八〇三至一八六八年）的傳奇故事。而我們透過閱讀，若想深度認識婆羅洲島上的歷史，就不能忽略百多年的布洛克王朝。

砂拉越的白人拉惹時代：布洛克王朝

布洛克王朝的行政中心位在砂拉越州的首府古晉，這個「四季如夏，遇雨成秋」的貓城，在過去多次被評比為最適合居住的城市。來到這裡均不會錯過的就是古晉河濱公園（Kuching Waterfront）那一條頗具英國殖民風情的步道，兩旁充滿著過去留下的碉堡、法院與郵局等百年建築。望向河的對岸，可以看見令人印象深刻的州元首府（ASTANA），該建築建於一八七〇年，是當年第二代白人拉惹查爾斯・布洛克（Charles Brooke，一八六八至一九一七年）送給妻子的結婚禮物。在這極具代表性的古晉風光裡，這座建築敘述了一段

7 拉惹為Rajah的譯音，這個詞彙原意為國王。

被許多人忽略的英殖民歷史。

在十九世紀中期以前，砂拉越屬於汶萊王國的一部分。此地資源豐富，汶萊王國可以藉此得到大量的稅收，但是也下令不准當地的百姓自由貿易。當時班根丁・馬哥達（Pengiran Mahkota）代表汶萊蘇丹管理砂拉越，施行暴政，更貪汙、中飽私囊，引起民怨。馬來人及土著開始在砂拉越河流域四處起事，在巴丁宜・阿里（Datu Patinggi Ali）的領導下對抗汶萊王國的統治。於是，汶萊蘇丹派班根丁・慕達・哈森（Pangeran Muda Hashim）前往鎮壓叛亂，但仍告失敗。

此時，原來為英國籍的詹姆士・布洛克在英國皇家海軍服役；在英緬戰爭之後，他繼承父親的大量遺產，開始購置重達一百四十二噸的船以及配置武器，並將船取名「勤王號」（Royalist），踏上了前往婆羅州的探險旅程。當船於一八三九年航行到當時隸屬於英屬海峽殖民地的新加坡時，詹姆士受海峽殖民地總督蒙漢（Samuel George Bonham）之託，將禮物代為轉達給當時由汶萊蘇丹派遣鎮守當地的攝政王慕達・哈森，感謝他幫助在砂拉越河沉沒的英國商船；除此之外，蒙漢還希望詹姆士可以開發銻礦的資源。就這樣，帶著雙重任務的詹姆士在一八三九年七月二十七日離開新加坡，八月一日抵達砂拉越，就此結下了不解之緣。

詹姆士陸續在兩年間兩度前往砂拉越探險；他在砂拉越看見許多小船載著銻礦，認為這是一個值得發展的地方，即便他在過程中不乏遇到海盜襲擊，加上砂拉越河流域反抗馬哥達暴政的內亂不斷。後來，慕達・哈森請求具備作戰能力的詹姆士協助敉平內亂，並答應事成之後，給予詹姆士副王的身分，冊封為拉惹並給予約三千平方英里的土地。

詹姆士勢如破竹，驅離馬哥達等佞臣，慕達・哈森也履行承諾，於是詹姆士於一八四一年成為三千平方英里土地的統治者，開啟了白人拉惹在砂拉越的政權的開端。詹姆士王在位期間掃蕩海盜，也禁止土著獵人頭的習慣，發展商業、設置法庭、建造碉堡保護船隻往來，種種措施奠定砂拉越穩定發展的基礎。

詹姆士王非常善於利用自己在砂拉越一方統治者的身分，一方面發展當地經濟開拓財源，二方面時值中英鴉片戰爭（一八四〇至一八四二年）結束，英國在得到中國五口通商的權利以後，對婆羅州的重視程度不同於以往。不過這裡是防堵荷蘭勢力從南面的印尼延伸上來的天然屏障，因此詹姆士王善於利用自己的身分，秘密取得許多英國的資源。一八四六年，汶萊宮廷發生政變，詹姆士王便趁機向英國請求戰艦協助，軍隊大舉北上直入汶萊河，迫使汶萊蘇丹正式割讓砂拉越領土給詹姆士，他也從汶萊蘇丹冊封的白人拉惹，正式成為一個獨立國家的國王。到了第二任拉惹查爾斯．布洛克執政期間，布洛克王朝在砂拉越的自治陸續獲得美國及英國承認。

布洛克王朝的經濟發展與政權轉移

一八六八年，詹姆士王的姪子查爾斯．布洛克接下了王朝的使命，成為第二位白人拉惹。在他在位期間，砂拉越的外海發現石油，且國內開始種植大量的橡膠；除此之外，胡椒與甘蜜也成為銷往新加坡的重要經濟作物，為布洛克王朝賺進了大量的財富。查爾斯王還制定了「墾殖條例」，同意華人公司若可以招募三百名以上的華人及其家屬成員入砂開墾，就給予土地及長期居留權等優惠措施；這項政策吸引了一批又一批來自中國的閩粵移民來到砂拉越。最著名的便是福州墾場的黃乃裳，[8]爾後更有來自廣東及興化一帶的移民陸續進入砂拉越開墾，形塑今日砂拉越州豐富而多元的華人社會。

查爾斯王於一九一七年去世。統治權交由其子溫納．布洛克（Charles Vyner Brooke，一九一七至一九四六年在位）接替。一九四一年九月，時值布洛克王朝建國一百週年，在紀念大會上，溫納宣布廢除王權專制並頒布憲法，把立法權與財政權交回立法議會，向君主立憲政體邁進。不過好景不常，同年年底太平洋戰爭爆發，日軍在珍珠港事變後開始大舉南侵，侵略東南亞多國，其中也包括砂拉越。一直到一九四五年八月，三年八個月的日本統治時代才宣告結束，布洛克王朝的領土也在這段期間被日本蠶食鯨吞。

二戰結束後，溫納為了追求砂拉越有更好的資源從戰後的百業蕭條中恢復，選擇將統治權讓渡給英國政府。一九四六年，經砂拉越國會會議通過砂拉越讓渡議案，七月一日正式成為英國政府直轄殖民地（一九四六至一九六三年）。

今天來到砂拉越首府古晉，可以看到不少布洛克王朝時代留下的建築與歷史痕跡，甚至是到小鎮，也都可以感受到布洛克王朝斑斑血淚的一頁。最有名的莫過於古晉市郊外的「石隆門」（Bau）。一八五七年，「石隆門華工抗英事件」爆發，是詹姆士王在位期間的大型華工叛亂。這起事件不僅重創了布洛克王朝的政權，更成為砂州華人社會中最為著名的歷史事件之一。今天提到古晉的歷史，當地耆老一定都會告訴你不要忘了到石隆門去看看。要想

8 對黃乃裳的深入介紹，詳參本書第三章。

瞭解這個馬來西亞最大州的歷史，便不可忽略這個曾經輝煌百年的英國白人拉惹時代。

石隆門華工抗英事件

華人在十八世紀到婆羅洲開墾，地點位在今天的印尼加里曼丹的坤甸一帶，來此開墾的多為客家人，當地盛產金礦，開墾熱潮從十八世紀一直延伸到十九世紀上半葉。此時，在砂拉越也發現了金礦，不少華人從坤甸北上，來到砂拉越的石隆門發展。十九世紀初期，廣東籍的劉善邦[9]率眾至石隆門的帽山，組織「義興公司」[10]並與王甲等人合組「十二公司」。「十二公司」後與被荷蘭強制解體的蘭芳公司合作，在砂拉越一帶發展淘金與礦業，事業日益興盛。與此同時，婆羅洲島上正值各地土侯治理衰亂之際，公司自備武裝在開墾區樹立威望，其勢力連當政者都需要放下身段與之互動、達成協議。

一八四二年，詹姆士．布洛克剛剛被封為白人拉惹，在羽翼未豐之時，對財力及武力都很豐厚的十二公司自然態度尊重、禮遇。十年後，詹姆士．布洛克開始要求十二公司必須與政府共同管理礦務開發，若有重大刑案發生，則應交由政府審理，十二公司不得私下處理；此外，十二公司也不得任意開發新的礦區。種種新的政策顯示，政權日益壯大的布洛克王朝開始與十二公司的發展有所衝突。

在新帝國主義席捲亞洲及其他地區期間，公司是具有高度自治權、武力及商業皆自主的組織。一般情況下，公司對於所處地區的政權會行納稅及履行部分義務以表示效忠，但一旦當地政權剝奪了公司的自治權，具有武力的公司起而反抗釀成的威脅也不容小覷。

當華人前仆後繼的來到婆羅洲開墾，進而成立具有會黨[11]背景的公司時，甫成立的布洛克王朝野急需振興產業，發展砂拉越的經濟活動。在這樣的情況下，為了不讓華人為主的公司獨占鰲頭，詹姆士・布洛克在一八五六年特許英資的「慕娘公司」（Borneo Company Ltd.）成立並在砂拉越河上游開採金礦。慕娘公司的股東共有六人；來自倫敦的約翰・鄧普勒（John Templer）是詹姆士・布洛克的友人，加上倫敦恆德申商行（R.& J. Henderson）

9　劉善邦的墓位在今天距離古晉二十公里的小鎮新堯灣，還有一座紀念他的善德廟。

10　華人在海外的開墾由於缺少母國的庇佑，必須通過血緣、地緣、業緣形成有武裝保護性質的會黨組織，互助共濟。以馬來西亞華人開墾史為例，最為有名的就是以廣府人為主的義興公司與以客家人為主的海山公司。會黨成為苦力的經營者，控制不斷南移的新客華人，並在殖民政府的同意下，給予部分自治權經營各種礦物及商業貿易活動。相關內容詳參本書第三章。

11　清代時對秘密結社的通稱，至南洋移民社會形成一種群聚的原鄉力量。

的羅伯特・恆德申（Robert Hendereson）及在新加坡經商的丹麥人路易・荷姆斯（Ludvig Vemer Helms）等六人就在今天古晉砂拉越河畔的希爾頓酒店現址成立了慕娘公司，資本額為六千英鎊。[4]

慕娘公司成立的主要目的在於協助布洛克政權開發礦務，增加國庫收入，但此次特許卻成了引發撼動布洛克王朝政權的石隆門抗英事件的導火線：由於慕娘公司的礦區緊鄰十二公司，對其構成威脅，加上布洛克政權諸多政策限制十二公司的發展，阻礙其利益，於是在一八五七年二月，六百位華人礦工在十二公司的首領劉善邦與王甲的帶領下，分乘數十艘小舟順著砂拉越河而下攻擊古晉。

詹姆士・布洛克的府邸被丟擲火藥，他本人倉皇逃出，但一名英籍白人士兵被誤認為白人拉惹而慘遭斬首示眾。正當眾人誤以為詹姆士・布洛克已死，十二公司向各方勢力宣告接收布洛克王朝政權，並且將人員撤回距離古晉約三十五公里的石隆門。許多英籍領袖及其眷屬避走新加坡。倖免於難的詹姆士・布洛克返回古晉後，受到慕娘公司的幫助，其外甥查爾斯・布洛克也得到大批達雅族（Dayak）原住民的救援前來相助，雙方激烈交戰。不少在墾區的華人越過邊境逃到印尼的三發（Sambas）躲避戰火，但是荷蘭殖民政府卻下令將這些難民一網打盡，企圖阻止荷屬印尼境內的華人勢力因此壯大。

與此同時的石隆門也因為戰火，成堆的死屍不是被丟進湖中就是曝屍荒野；石隆門的馬來名「Bau」就是「臭味」的意思。在這場事件中，布洛克王朝集合了慕娘公司、原住民及其他華人勢力平亂，其中慕娘公司成為布洛克王朝重新鞏固其在砂拉越的統治權的重要助力。第二代白人拉惹查爾斯．布洛克即位後，慕娘公司除了採礦工作外，又增加了經濟作物的種植以及伐木、石油開採、汽車業等業務，大大增加了公司收入。慕娘公司在全盛時期的業務廣布東南亞，甚至遠到中國及印度。反觀原來勢力強大的十二公司，雖因不滿利益受到布洛克政權擠壓而以「抗暴」為名起義，結果卻出師不利，其首領劉善邦與王甲都在這場抗英事件中陣亡。但十二公司起義失敗的最大原因在於其起義並未獲得其他華人公司的響應；由於十九世紀華人在海外的拓墾仍然維持各自發展、各自為政的形式，在沒有辦法摒除籍貫或血緣的差異的情況下，華人難以整合力量與帝國主義的政權一較長短。

英屬北婆羅洲渣打公司

在婆羅洲島上，除了在砂拉越州有英國政權的建立之外，沙巴州在過去也有一段英國殖民的年代。

沙巴有「風下之鄉」的美稱，在十九世紀被英國統治以前，它便被稱作沙巴，但英國殖民之後，被改稱北婆羅洲。北婆羅洲原來隸屬於汶萊蘇丹，其過去掌管的領土從菲律賓的巴拉望島一直到婆羅洲南端的砂拉越，版圖非常廣大。但遇到內亂無法平定時，汶萊蘇丹就會尋求外力來解決，並且割讓部分領土給協助平亂的外國勢力，譬如砂拉越州的布洛克王朝便是因為這樣的原因而建立，菲律賓的巴拉望島也是如此才割讓給當時的西班牙。

十九世紀中葉，汶萊蘇丹先是把相當於今天沙巴的領土租借給美國駐汶萊領事查爾斯·摩西（Charles Lee Moses）十年的時間；這時的美國領事與人組成美國貿易公司（American Trading Company），意圖靠著海外貿易活動賺進大把鈔票。一開始，汶萊蘇丹租借給美國貿易公司的土地位在北婆羅洲西海岸，後者要付給汶萊蘇丹和天猛公四千五百元及四千元的租費。可是，後來美國發生了南北戰爭（一八六一至一八六五年），加上這間美國貿易公司一直沒有獲利，最後美國領事摩西決定將租約轉賣給另一位美國人喬瑟夫．托瑞（Joseph W. Torrey）與華裔商人伍行（Wo Hang）。

他們兩人選定北婆羅洲西南部的金馬利（Kimanis）為新的開發地點，並招募華工來此地開墾，種植甘蔗、菸草和稻米等農作物。不過最後因為缺乏資金，一年不到便開發喊停。至此，美國停止在亞洲的殖民活動，而這個租約就不斷地被轉手，最後落入英國人阿爾弗瑞德．丹特（Alfred Dent）的手中，並獲得英國政府頒布特許狀。

丹特獲得權力以後，在一八八一年改組公司為「英屬北婆羅洲渣打公司」（又稱北婆羅洲特許公司〔North Borneo Chartered Company〕），協助北婆羅洲的總督執行政務。英屬北婆羅洲渣打公司的最高行政機關設在倫敦，而北婆羅洲的總督是由倫敦總部開會決定，再經殖民部部長任命。大致上英屬北婆羅洲渣打公司都是由白人主掌行政事務，地方上的事務則是由當地人負責。

一八八八年，北婆羅洲成為英國的保護國，英國與英屬北婆羅洲渣打公司及砂拉越白人拉惹政權簽約，外交及軍事由英國掌控，直到一九六三年八月三十一日沙巴脫離英國取得自治權，同年加入馬來西亞聯邦，成為大馬聯邦十三州之一。

目前位於沙巴的百年鐵道「北婆羅洲鐵路」（North Borneo Railway）則是於一八九六年動工，從沙巴的丹絨亞如（Tanjung Aru）出發，終點站是盛產咖啡的丹南（Tenom）。當初主要是用來運送菸草、可可、咖啡、橡膠等作物，並且希望更進一步開發熱帶雨林的自然資源。鐵路的建設驗證了過去英屬北婆羅洲渣打公司對北婆羅洲的治理完全從商業利益角度出發，並無心與各民族聯繫互動，使其統治扎根當地。

今天，這條鐵路已經成為來到沙巴首府亞庇（Kota Kinabalu）著名的觀光路線。距今超過一百二十年歷史的蒸汽老火車仍在崗位上服役，但目前只能行駛從丹絨亞如發車到距離約一小時車程的小鎮吧巴（Papar）的路線。車廂上的一切裝潢如初，保留英國殖民時期的味道，每週三及週六的觀光火車百年如一日地為民服務；此外，電氣化的通勤火車也在二〇一一年重新全線通車了。

印度移工改變人口結構

今天的印度在過去是英國的殖民地。一八五八年，英國維多利亞女王兼任印度女王，而帝國主義的觸角也影響了印度與其他殖民地的人口結構。我們今日總說，馬來西亞是多元文化為主的國家，那麼這個「多元」的另一個主角印度族群就是在這個時代下開始透過種植工作與英國的管理制度移居到馬來亞。

你吃過「嘛嘛檔」嗎？

目前在馬來西亞的印度裔族群主要來自印度淡米爾納德邦（Tamil Nadu），其次是來自安德拉邦（Andhra Pradesh）說泰盧固語（Telugu）以及來自喀拉拉邦講馬拉亞拉姆語（Malayalee）的印度人；還有一部分則是來自今天的斯里蘭卡。也因此，在馬來西亞看到的餐廳以南印度口味居多，商店招牌也以南印的語系為主。不過還有一些印度族群相當特別，那就是印度裔的穆斯林；二〇一八年二度當選馬來西亞首相的馬哈迪（Tun Dr. Mahathir bin Mohamad）的祖父就是具有淡米爾血統的印度穆斯林。[12]這些印度穆斯林自印度來到馬來亞定居後，不同家庭有不一樣的發展，有些代代相傳成為土生土長的印度裔穆斯林，並且有一個很熟悉的名詞就是形容他們——嘛嘛（Mamak）。

你常聽到馬來西亞人掛在嘴邊講的「嘛嘛檔」（Mamak檔）嗎？在馬來西亞「嘛嘛檔」餐廳非常多，指的就是土生印度穆斯林在馬來西亞開的餐廳。馬來西亞因為是多種族的國家，所以「巴剎」（意指市場）都有分成華人區及馬來人區。馬來人需要清真食物、印度教徒不吃牛，華人雖然什麼都可以，但是仍會依照自己喜歡的口味而較常去華人開的店家用餐，唯獨這個「嘛嘛檔」是三大族群都會去捧場的餐廳，因為生意很好，所以多數餐廳都是二十四小時營業。而嘛嘛們炒出來的麵乾香辣，滴上幾滴新鮮金桔提味，就是馬來平民美食的一大享受，這樣的炒麵有個統稱就叫做「Mee Mamak」。

馬來西亞印度人

印度人大約在十九世紀大規模移民至同屬英國殖民地的馬來半島，其規模如同現代大量到杜拜去當移工的印度勞工。[13]此時，英國大舉在馬來半島開發經濟作物種植業，因此需要大批的勞動力，印度勞工就在這樣的情況下受聘到馬來半島從事咖啡與甘蔗的種植；其中也有些印度勞工擔任警衛的工作，而這些人又以來自北印度旁遮普省的錫克教徒居多。[14]

二十世紀之後，兩次大戰的爆發，橡膠業的重要性日益增高。有著優良天然橡膠種植環境的馬來半島成為更多印度移民的首選之地；大部分的印度移民是透過契約的方式來到馬來半島工作，其中又以說淡米爾語的人居多。

吉打是早期印度人較多的地方，他們有許多是來自印度東南沿海的穆斯林，[16]又稱朱利亞人（Chulia）人。不少朱利亞人也在此時從吉打來到鄰近的檳城，從事漁、雜貨、交通運

12 馬哈迪的祖父娶了來自柔佛的太太，因此馬哈迪是具有印度血統的混血兒。
13 杜拜的人口約三百萬人，半數以上是外籍移民，其中印度人占百分之四十三。
14 「印度阿三」的稱號與印度移民至海外當警衛工作有關。十九世紀中期，位於印度北方旁遮普地區的錫克帝國不敵英國東印度公司侵略，投降於大英帝國，因此許多驍勇善戰的錫克教徒開始成為大英帝國印度軍隊中的主力。隨著帝國主義的擴張，在日不落國統治範圍內看見包頭巾的錫克教徒，是很多人對印度人最初的印象。二十世紀初期，在上海英租界有許多擔任守衛工作的印度籍士兵；在當時的英國海外殖民地，能夠在大飯店、高級舞廳及權貴人家，在門口請兩位錫克教裝束擔任門房，成為一種富貴時尚的表現。而據說印度人喜歡在開口前加一句「I say」來向中國人炫耀他們會講英文，中國人聽久了就在前面加個習慣的「阿」字來稱呼這些烙英文的印度人，久而久之「阿say」就變成諧音「阿三」。另外，這些當時在英國殖民地的人都會稱呼員警或長官為「sir」。因為穿著制服的印度人常常要向長官敬禮，中國人便在「sir」之前加了「阿」字來稱呼印度人的行為。「阿sir」叫慣了之後，大家看見錫克教裝束的印度人就統稱為「阿sir」，叫著叫著就變成諧音「阿三」了。

輪等工作。今天，在檳城喬治市（George Town）的老城區有一條大名鼎鼎、充滿美食且有著名兄妹盪鞦韆壁畫的「Chulia Street」（牛干冬街）就是以此族群命名。根據檳城著名的文史工者杜忠全所著的《老檳城路志名》所述，牛干冬街過去是靠動物來拉車運貨，也是人力車伕會經過及休息之處，因此早期這裡有牛棚，供車伕休憩，而牛干冬街的命名大概也與這段過去有關。

值得一提的是，雖然不普遍，但是今天仍然可以在馬來西亞看見錫克教的廟宇，就連印度人不多的砂拉越州首府古晉也有一座錫克廟。追溯最早來到馬來半島上的錫克教徒是來自英國殖民期間流放的囚犯；十八到十九世紀，印度西北部的錫克教徒曾經建立強大的錫克王國，並且堅持對抗英國殖民統治直到一八四九年戰敗，後來許多錫克教徒就被流放到新加坡與馬來西亞。到了十九世紀末期，錫克教徒再次大量移民到馬來半島，主要原因就是身形高大的他們是保安人員的最佳人選；[16] 曾經有一位名叫崔斯坦・斯皮迪（Tristram Charles Sawyer Speedy）的英國上尉從印度帶了一百多名錫克士兵來到馬來半島，並且平定了華人會黨間的糾紛與衝突。這些錫克教徒成立了第一支武裝員警隊伍「霹靂武裝員警」（Perak Armed Police），[5] 並在日後繼續擴大成為帶有軍事力量的部隊。來到馬來半島的錫克教徒漸漸地從馬來半島散布到沙巴與砂拉越；除了員警或保安的工作，從事鐵路及其他交通相關行業的錫克教徒也不在少數。

15 在十六世紀以前，從印度東南沿海海岸科羅曼德爾（Coromandel Coast，又譯作烏木海岸）前往馬來半島貿易的印度商人，經常在吉打停船補充水及食物；有的印度人會留下來傳播宗教和文化，而印度教就是在這樣的情況下深入馬來半島的其他地區。

16 錫克教的創教上師為剎帝利種姓，過去這個種姓的人多半是貴族與武士，所以大部分錫克教徒的身形較其他印度人來得高大威猛。

第三章 清末華人的開墾

馬來西亞的華人歷史大抵上要從兩個面向來觀察，一是明代開始移居至馬來亞的「土生華人」，二是清末以降前往南洋拓墾的「新客」。兩者歷史脈絡不同，群體特性也不相同，因此形塑了豐富多元的馬華社會。前者已於第二章介紹，本章就將焦點擺在清末以來的新客華人。

十九世紀中葉以後，饑荒與戰亂造成大批的移民潮，「闖關東」、「走西口」、「下南洋」成為三大出路。伴隨著馬來半島錫礦開採的需要，加上英法聯軍後簽訂的《中英法北京條約》允許外國商人招聘漢人出洋工作，大批華人來到海峽殖民地之後前往盛產錫礦的霹靂州、雪蘭莪州與森美蘭州，另有一部分則前往玻璃市與吉打州。他們的移入路線有兩種：一是透過「契約勞工」當豬仔苦力，二是跟隨宗親的移民網絡。

這些集中在清末移居的華人就是所謂的「新客」。他們之中出現許多開墾的佼佼者，譬如在怡保開發新街場的姚德勝、吉隆坡的開埠功臣葉亞來，以及帶領福州人前往婆羅洲拉讓江（Sungai Rajang）開墾的黃乃裳等人。

豬仔「出洋」：簽下賣身契，尋找新生活

早期從中國前往海外的「契約華工」，常被稱為「豬仔」。台灣人對「豬仔」這個名詞代表的背後歷史意涵並不熟悉，稍有概念後會發現我們似乎不會將早年渡海來台墾荒的祖先稱呼為「豬仔」。這大概是因為早年來台的人不管原鄉家庭的生活條件如何，但前往台灣尋找新生活的動機是出於自願的，與部分受到契約約束或是被以不當手段帶往海外的華人移工有所不同。

豬仔出現的背景

清初的海禁政策是為了防範反清復明等抗清行動而訂定。故順治、康熙年間屢申海禁，尤以「遷界令」的影響最為廣大，嚴令魯、蘇、浙、閩、粵各省之沿海人民向內地遷徙十五至二十五公里，違令越界者斬。但是國際局勢並非一成不變；乾隆朝後，國勢由盛入衰，鴉片戰爭（一八四二年）結束後終於曝露出中國的積弱。南京條約的簽訂開放了五口通商，但這並不代表人民可以自由地出洋。人民的生活依然困苦，使得多數人想冒一線生機的險，到

南洋謀生。

加上一八六五年，美國南北戰爭結束之後廢除了奴隸制度，可是美國及其他地區仍需要大量的勞工以取代黑奴，因此中國沿海的人民就成了最佳的勞力來源。也因為他們多數來自底層的弱勢百姓，加上出海工作的基本條件及待遇都非常差，當時的人也稱這樣的勞工為「豬仔」。

華工出洋在鴉片戰爭後的一百年始達到高潮。以現今新馬一帶為例，在一八四二年至一九四〇年間，從海峽殖民地和馬來聯邦（Federated Malay States）[1]入境的華工累計有上百萬人，而這些移民大多數均來自中國東南沿海的省份。[2]這一波出洋熱潮不僅與清朝立國以來的海禁政策背道而馳，也與中國人根深蒂固的傳統觀念相悖。「有土斯有財」的觀念不再禁錮著廣大的漢民族，所謂「漢人怕水」的概念早已被一批批出洋尋找新天地的人給打破。華僑在這一時期移居的地方遍及世界各地。

他們之中有一部分人是以自由人的身分出洋，有一部分人則是透過大型移墾的方式，但仍有許多人是透過成為契約華工而出國。不論是何種方式，會選擇到異地討生活的，絕大部分都是生活困頓的人。

什麼是「契約華工」？什麼是「豬仔」？

最早有關「豬仔」的定義，一說是出自上海《申報》所刊載的〈「豬仔」探源說〉一文，另一說則是出自《澳門紀略》。西方殖民者對這樣的勞工的正式稱法叫「契約華工」，意指華僑「自願」通過簽訂契約，應招到外國去做工。也有一說是把「契約華工」叫「苦力」（coolie），源出於印度語。

事實上，「契約」不過是一場騙局。不僅華工經常是在暴力的誘逼下簽下契約，其出洋後的待遇與契約上所約定的也常常完全是兩回事。對華工來說，這樣的契約等同於賣身契，使簽約後的華工完全喪失人身自由。

「豬仔」是當時對契約華工更通俗普遍的稱呼。豬仔的買賣大致上是透過南洋各地的種植園主與礦主，將所需的華工人數與條件列出，交至設在中國東南沿海的洋行，由他們代

1 詳參本書第六章。

2 他們絕大多數來自粵東潮州和惠州等地、珠江三角洲各縣以及海南島，少數則來自閩南八縣。

招，而洋行再接著轉交給專門從事人口販賣的「豬仔館」去辦，由他們各處去招人。所謂的「招」即是一種拐騙的手段，有的用花言巧語，有的則採取綁架的方法，一旦進入豬仔館便失去自由。東南沿海各口岸均設有這種「豬仔館」，其中以澳門最多。如今的澳門仍有許多都市傳說，其中一則便是著名的「長樓斜巷」的冤鬼慘泣的故事。

長樓斜巷位在大關斜巷附近。在日本侵華時期，大量難民湧入並未受到戰火波及的澳門，但是卻造成糧食短缺的問題，使得食人肉在這段期間並不是不可能出現的事情，而大關斜巷便因為有婦人在此離奇失蹤，從而傳出「人肉叉燒包」的謠言。在距離大關斜巷不遠的長樓斜巷，清末時期就是數間「豬仔館」的聚集地。某一晚，長樓斜巷發生火災，連燒數間豬仔館。大量被圈押在館內而逃生無門的豬仔就這樣被活活燒死在豬仔館裡面，此後的暗夜哭聲在長樓斜巷盤旋不去，成為澳門早期眾人知曉的傳說。

被囚禁在「豬仔館」的華工在登船出洋前，還需受雇工單位及當地官吏的盤查，供詞必須要說明出外工作是出於自願，否則會被押回去毒打，直至說出「自願出洋」並被登記在案為止。契約是以洋文撰寫而成，主要規定做工年限、工資、地點等資訊。但豬仔多為文盲，更不懂洋文，通常會被要求印上指模，甚至身上會被烙下代號，代表他們即將要前往工作的地點。豬仔在領得一些安家費後，就只能任人擺布。

在到達目的地沒日沒夜工作前，還有一大段苦難重重的海上航程。運送豬仔的船隻多為帆船，設備簡陋，基本衛生條件不足。行駛極慢的帆船，狹小的船艙，在熱帶海洋上飄蕩數月。加上販賣豬仔是十分有利可圖的交易，船主為獲取暴利往往超載，豬仔登船後即被監禁於緊閉的船艙裡，白天只能肩挨著肩、屈膝而坐，晚上人靠著人躺下。船艙內空氣十分汙濁，吃的是腐壞殘食，加上水手的虐待、折磨，造成極大身心痛苦，故死亡率驚人。[3]

在南洋當地生活的豬仔

華工被運至東南亞，多數被運到馬來半島、印尼、婆羅洲開田闢荒或是種植菸草與橡膠。清末曾經有一篇短篇小說〈豬仔還國記〉，[4]說明「豬仔」的實際生活狀況。[1]內容大致為：一名廣東人雖略懂文墨，也成家立業，但遇到生意不順利，到省城找機會時，就遇到

3 據同治十一年九月二十三日《申報》記載：「其所謂『豬仔』者，纍纍登岸，囚首垢體，鵠形鳩面……兼其人皆疣痞遍身，幾不可近，且每人身穿紫花布衣服，其垢膩狼籍，亦竟與乞丐無異。」

豬仔掮客，貌似義氣豪邁，替他抱不平之外還介紹賺錢機會。所以廣東失意商人就被騙簽下契約，賣到南洋當苦力七年，毫無音訊。之後他的妻兒變賣所有家產到處尋人，最後終於在南洋找到已被折磨到不成人形的先生，然後藉由在廣東的家人奔走借錢，終於把人贖回家。

在當時，大部分有關豬仔的故事都跟上述故事雷同，都在敘述「豬仔」無奈、悲慘的一面，但實際上儘管一般華工平日在惡質的環境中，工作勞動十分辛苦，但在其低層的生活裡，偶爾也有休閒輕鬆的一面。譬如，在農曆新年假期中，還是可以看得到舞龍舞獅及迎神賽會等慶賀活動。這些節日活動的傳統習俗成為支持豬仔度過漫漫歲月的力量。而豬仔們大多都是單身，不少人染上賭博及抽鴉片的惡習，所以存到錢的不多。過去估俚（苦力）在海外各地為了安身立命，均會加入幫派會黨組織。正所謂團結就是力量，這些組織壯大之後會成為更有系統的「公司」，就如本書已提及的蘭芳公司。至今，古城馬六甲的估俚街峰山宮內仍保留過去這裡的幫派組織的匾額，譬如由祭祀媽祖的「協發」、祭祀保生大帝的「龍山」與祭祀清水祖師的「洪順堂」合組的「協龍順」；如今這裡已沒有苦力，但高掛的「協龍順」匾額仍舊可以依稀看見往日的那段苦力時光。

值得一提的是，雖然豬仔從事的多為勞動力高的工作，一旦他們能完成契約年限，脫離豬仔生涯，有些人就在當地落地生根，並且將原鄉觀念帶入當地，形成一種以地緣與業緣關係為基礎的移民社會。譬如，廣東興化人大多為三輪車伕，他們努力賺錢從車伕變成計程車司機，最後開了自己的車行，藉此一步步達到光宗耀祖的目標——這種模式從清末開始就存在於馬來西亞的華人社會中。而過去在怡保的潮州人大多是三輪車伕，鴨仔燈是車伕的車頭照明，因此在過去車伕雲集的怡保舊街場，還可以看到一家幾十年老字號的「鴨仔燈鹹涼茶」保留了古早時期的鴨仔燈。這家老字號以古方藥材與青草熬煮出鹹味涼茶，清熱去火，成為怡保的代表飲食之一。

4　〈豬仔還國記〉一文原載一九一三年的《小說月報》第四卷第三號，僅兩千餘言。「粵人某，幼讀書，粗通文義，且娶妻生子矣，因經商折閱，侘傺無聊，乃覓食廣州省城。在逆旅中遇一人，其人義氣豪邁，對某之不得志甚表關切，自言當竭棉力，為覓枝棲，某遂被誘往星洲，被騙賣為『豬仔』，而為石炭礦之苦力者七年。某一去數年，絕無音耗。妻弟某經商星洲，遣人四處偵訪，並取其舊日肖像，遍送各埠登報，並散佈傳單，亦無影響。其妻亦變產攜兒至星洲，依弟以居，其必得夫耗而後已。一日得某埠報館一函，云有人投書云，前所刊像招訪之人，現在某礦場為豬仔苦力，慘苦萬狀云云，其妻弟得訊，往還數次，終以原價贖之歸，一家人幸得團圓云。」

結束「豬仔」販賣

清廷早先並不重視苦力的悲慘遭遇。地方官對於此惡況也很少干涉，更別說上奏朝廷。這些都間接促使豬仔販賣的猖獗；從一八五〇年代到一八七〇年代，幾乎所有東南沿海主要的港口皆有招工館的設立。一直到一八六五年，英法公使曾與中國總理衙門會商中國契約工人出洋辦法，最後由恭親王提出三條：

1、中國政府承認華工自由出洋，惟其契約以三年為限，其工作之時間，疾病之撫恤均有規定。

2、凡以強迫招誘手段，招華工出洋者，根據國法處以死刑。

3、出洋之處以通商口岸為限，以便外國領事幫同辦理。[2]

後來清廷經過幾次與外國協商之後，以李鴻章於一八七四年簽訂的《中秘通商條約》及一八七七年的《古巴華工條款》[5]最具意義。[3]

根據資料顯示，清末南洋各地迫切需要勞工，華工被販售的價格從三、四十元至一百三、四十元新加坡叻幣不等。[4]根據契約，豬仔每月工資五元，期限三年，工資共一百八十元，但經層層抽剝，所得不過數十元。正常情況下，三年期限一到，即可獲自由，但若沾染賭博等不良嗜好，欠下債務，就只能繼續當豬仔抵債。早年流傳的一首〈南洋吟〉[6]便將這些豬仔的遺憾唱到心坎裡。[5]雖然英屬馬來聯邦在一九一六年廢除豬仔制度，但第一次世界大戰以後，去南洋謀生的華工又成倍增長，成為變相的豬仔。這個情況一直到第二次世界大戰爆發才結束。綜觀整個豬仔的發展史，大約從十九世紀中期盛行至二十世紀初期才結束，這段歷史可說是華僑血淚史上的一頁，但同樣也是易被世人忽略的一頁。

5 《古巴華工條款》內容如下：一、禁止苦力買賣；二、防範未來可能繼續發生的迫害華人事件；三、糾正過去迫害華工的種種。

6 正月出門到如今，衫褲著爛幾下身。一心賺錢歸家使，不知惹債又上身……香港行過七洲洋，風波水浪得人狂……三百六錢買管筆，畫妹人像壁上安。」

霹靂州的錫礦天下：義興公司與海山公司

華人人口頗多的霹靂州是華人透過開礦很早就開發的地方。若說有利益的地方會聚集人潮，那麼這樣的地方也同樣出現紛爭。在華人開礦歷史中，鼎鼎大名的義興公司與海山公司影響了當時的權力鬥爭與華人版圖分配，當中出現的佼佼者們也影響了多個馬來半島上重要城市的開發。

小時候我第一次聽到霹靂州的時候，腦海中第一個想到的是霹靂布袋戲，我覺得這個州的名字好酷。霹靂州盛產錫礦，錫的顏色像銀色，所以大家以為是銀，就以「Perak」（馬來語的「銀」）稱呼這個地方。霹靂也是英國干預馬來半島的第一個土邦；十九世紀初期，霹靂蘇丹去世，王室陷入鬥爭，恰好給予英國趁虛而入的機會。

十四至十五世紀間，馬來半島就已經有原始的採錫活動，並逐漸開展至馬來半島各地，錫更被鑄成各種形狀的小型錫塊作為貨幣。不過一直到十九世紀，錫礦才開始被大量開採，華人在其中扮演關鍵的拓荒者：早在一八一八年，華人已經在馬來半島從事採錫業，但人數不多。一八四八年，馬來人首領隆佳法（Long Jaafar）在拉律（Larut）發現蘊藏量豐富的錫礦區後，由於採錫業是勞力密集的產業，加上正逢清末政局動盪不安及天災不斷，華工於是成為英國殖民政府輸入勞力的重要來源。一八七七年，前往馬來半島的中國人只有一萬人，但到了一八九九年，因「淘錫」熱潮而從中國南來的勞工人數累積多達兩百多萬人。中國勞工在語言不通、生活與工作環境惡劣、衛生條件不佳的情況下冒險奮鬥，為馬來半島帶來了高速的發展。

十九世紀中期，拉律地區的豐富礦產為當地的土邦拉惹帶來豐厚的稅收。在當時，馬來土酋雖然對英國人有所防備，但是很歡迎華人來此開墾，因為他們知道華人的勤懇及從原鄉帶來的開墾技術可以幫助他們得到更好的收入與生活。於是霹靂蘇丹邀請檳城的華商前往開墾，很快地霹靂州就成為大型的華人移墾區。華人採用較先進的抽砂幫浦，取代馬來人傳統的琉琅淘洗法，使得錫米產量大增，到了十九世紀末，馬來聯邦成為世界重要的產錫地。

當時的華工大多都需要加入公司，最大的兩派就是海山公司與義興公司。這些公司其實披著幫會組織的外衣；以義興公司來說，它在習慣上被視為天地會或洪門在海外的堂口，在南洋稱作義興公司（會），在北美則稱作致公堂。獨立歷史工作者陳劍虹在《走進義興公司》一書中提到：「義興公司的活動環繞在三個方面。它首先是在殖民地政府體下，整合華人社群的工具；其次，它是反抗歧視和外來恐嚇和挑戰的互助福利組織；第三，它也是獲取勞動力和資本的經濟行會。」而海山公司也同樣屬於洪門組織；一七九九年，海山公司在檳城正式成立，主要成員為客家籍，和以講粵語的廣府人為主的義興公司一直以來都互相競爭較勁。

在霹靂州，義興公司主要集中在甘文丁（Kamunting）一帶活動，海山公司則是集中在拉律。這兩派在霹靂為了爭奪礦區而衝突不斷。當時霹靂蘇丹已經年老，繼承王位的兩派人馬也各自拉攏義興公司與海山公司的勢力，鷸蚌相爭，漁翁得利，這樣的情況反倒加速了英國人介入、控制霹靂。一八七四年，海峽殖民地總督安德魯・克拉克（Andrew Clarke）派遣能夠說多種華人方言的華人事務助理必麒麟（William Alexander Pickering）[7]到檳城與華人領袖們協商。克拉克在同年搭乘「普魯托號」（HMS Pluto）前往邦咯島與華人領袖及礦主協商，達成共識同意成立由英國官員組成的委員會來解決礦業的紛爭。之後，霹靂所有的馬來王子和酋長都來到「普魯托號」上開會，在一八七四年的一月二十日簽訂重要的《邦咯條約》。[8]該條約化解了霹靂長期的政治紛爭，強化霹靂與海峽殖民地的商業關係，也為英國正式取得干涉馬來半島上土邦的權力。

《邦喀條約》簽訂之後，許多義興公司的華工離開拉律地區，前往近打河（Kinta River）流域一帶尋找新的礦區，從此霹靂的錫礦開採就由拉律轉移到近打河畔的怡保。為了紀念這段華人公司開墾錫礦的風雲，拉律改名為「太平」，這裡也成為馬來西亞唯一官方正式以華語命名的城市。從上述可知，華人開礦的過程影響著今天馬來西亞許多重要城市的發展，以下就介紹其中幾位重要人物。

---

7 必麒麟通曉普通話、客家話、閩南語、粵語、潮州話。他作為英商「怡記洋行」的代理人，曾因為在台中大量收購樟腦引起糾紛。英國領事因此派軍艦轟炸安平港。自從中英在一八六八年簽訂《樟腦條約》，清廷不再有樟腦專賣權，樟腦貿易利潤從此落入外人之手。以台灣史的脈絡來看，這位必麒麟引發的涉外事件所造成的結果相當負面，但對新馬而言，必麒麟是促成《邦喀條約》簽訂的重要人物。

8 《邦喀條約》的內容如下：一、承認拉惹阿都拉（Rajah Muda Abdullah）為霹靂蘇丹；二、現任蘇丹伊斯邁（Rajah Bandahara Ismail）退位，並給予土地和撫恤金；三、霹靂蘇丹接受一名英國參政司。除了有關宗教以及馬來習俗之外，其餘一切政務蘇丹必須徵求參政司的同意；四、承認卡伊布拉欣（Orang Kayah Mantri）對拉律的權利，拉律也必須接受一名助理參政司，以協助處理有關的行政事務；五、把天定（Dinding）與附近的島嶼割讓給海峽殖民地；六、海峽殖民地派出官員，並與海山公司及義興公司各自派出代表組成委員會，負責解決錫礦問題。詳參陳鴻瑜，《馬來西亞史》，（台北：蘭臺出版，二〇一二年），頁一七七。

怡保錫礦大王：姚德勝（一八五九至一九一五年）

姚德勝出生於廣東梅州，是「梅州八賢」之一，也是霹靂怡保新街廠的主要開拓者。早年的他坐夾板舟從廣東來到香港，一路波折地經新加坡抵達森美蘭州的首府芙蓉，最後被介紹到錫礦區當雇工。後來，他離開礦區轉至怡保改做小販賣雜貨。當他發現怡保附近有豐富的礦脈資源後，就大刀闊斧地把自己的積蓄投入錫礦生意，買新式機器、雇工採礦、買礦山，日進斗金。靠錫礦發跡的他那時才二十九歲，被鄉里稱為「姚百萬」。

成為錫礦大王的他，開始建設鄉里、籌辦學校、造橋鋪路，而怡保也因為錫礦開採而使得人口迅速增加，近打河北端的舊街場已經難以容納更多的人口。一九〇四年，怡保大火，街市百廢待興，他應英殖民當局所邀，斥巨資在近打河對岸開發新市區，使怡保成為初具規模的城市。日後這一條擁有兩百多間店鋪的街道被人稱為「錫城之春」。姚德勝樂善好施、令人敬佩；他也曾捐巨款支持辛亥革命，民國成立後獲頒「一等嘉禾勳章」。[9]

二十世紀初，馬來西亞的客家人之間流傳著一句話：「客家人開埠，廣府人旺埠，福建人占埠。」當年客家人下南洋，開闢海外時極富創業和開拓精神，姚德勝就是其中的佼佼者。

怡保的舊街場仍保留了過去錫礦業蓬勃發展時期的俱樂部：閒真別墅。過去的礦主多為客家人，而當初可以出入別墅的人非富即貴。別墅的屋主是祖籍廣東嘉應的錫礦大亨梁碧如，他在一八九三年建造這棟充滿英式風情的別墅，門前的孔雀圖案磁磚與室內的義大利地磚是建築亮點。閒真別墅在二〇一五年已開放成博物館，讓民眾可以預約導覽參觀時間，門票採自由樂捐。來到這裡仰望洋派的建築外觀，與同一條街上的建築有著截然不同的氣息，彷彿可以遙想如姚德勝等錫礦大亨來此意氣風發的模樣。

9　勳章制度始自於清同治年間，頒贈給幫助剿匪有功的外國人。中華民國開國以後，陸軍部制定「勳章章程」，規定勳章種類為九鼎、虎羆、醒獅三種，每種各分九等。此後政府又陸續公布「頒給勳章條例」、「陸海軍勳章令」等相關法令，訂定大勳章、嘉禾勳章、白鷹勳章、文虎勳章、寶光嘉禾勳章等。詳參〈中華民國勳章簡介〉，《中華民國總統府》網站，https://www.president.gov.tw/Page/100。文中所指的「一等嘉禾勳章」出現在北洋政府時期。許多網路資料顯示，姚德勝曾獲孫中山頒發嘉禾勳章，但我認為應該是孫中山先生想頒贈勳章給捐款助革命貢獻良多的姚德勝，只是民國元年至民國二年南京臨時政府的政局動盪，孫中山先生本人擔任臨時大總統時間甚短，因此勳章後來是由袁世凱掌控的北洋政府所頒贈。

吉隆坡與葉亞來

吉隆坡現在屬於聯邦直轄區，不過在地理上位處雪蘭莪州內。在英國勢力來到馬來半島之前，這裡是馬六甲王國的統治範圍。後來荷蘭人入侵馬六甲王國，陸續引進蘇拉維西島的武吉斯人前來經商，隨著武吉斯人在雪蘭莪州的勢力逐漸龐大，武吉斯人的領袖沙利胡丁（Salahuddin Shah）被立為雪蘭莪州的蘇丹，開啟了雪蘭莪州的王室家族。今天雪蘭莪州的首府莎阿南（Shah Alam）就有一座沙利胡丁．阿布都．阿濟茲清真寺（Masjid Sultan Salahuddin Abdul Aziz Shah），是馬來西亞最大的清真寺，可同時容納兩萬四千人禱告。

十九世紀初期，多達千人的華人開始移入雪蘭莪州開墾，分屬九個華人公司經營管理，但是隨著華人的勢力日益壯大，馬來人與華人開始衝突不斷。雪蘭莪蘇丹馬穆德（Muhammad Shah）將三個女兒分別嫁給三位酋長，其中大女婿沙馬德（Abdul Samad）成為繼任蘇丹，二女婿成為拉律酋長，三女婿則成為巴生（Klang）酋長。其中三女婿拉惹．阿布都拉（Raja Abdullah）在十九世紀末曾經向馬六甲的華商貸款，並且雇用華工開發巴生。他們沿著巴生河上游尋找錫礦，最後在今天鄰近吉隆坡的安邦（Ampang）建立錫礦開墾區。

今天的吉隆坡（Kuala Lumpur）名稱的由來有不同的說法。其中有一說指出，「Kuala Lumpur」的意思是「泥濘的河口」。「Kuala」意指河口，但是並沒有一條叫「Lumpur」的河。來此地開墾的華人會簡稱這裡是「Lumpur」的河口，有可能是因為過去這裡是沼澤地。「Lumpur」有爛泥巴的諧音，所以當華人聚集人口越來越多時，就會用爛泥巴河口來稱呼，逐漸形成「Kuala Lumpur」的名稱。[6]

葉亞來（一八三七至一八八五年）的崛起

出生在廣東惠州的葉亞來是客家人，原名茂蘭，字德來，受到太平天國的影響不得不離開家鄉，前往馬來半島尋找前程。他先來到了馬六甲，在族叔的安排下進了錫礦場工作，後來又轉往另一位族叔的雜貨店學做生意，最後他決定前往雙溪烏絨（Sungai Ujong，芙蓉的舊稱）發展。在前往森美蘭州的路上，他巧遇當地華人甲必丹的保安隊隊長劉壬光，兩人因為是同鄉所以很快地熟稔起來，劉壬光也舉薦葉亞來擔任相當於保安隊副隊長的職位。

就在葉亞來於森美蘭州謀得不錯的工作時，森美蘭州因為華人開發與馬來土酋部落衝突不斷。當時兩個華人礦工集團——海山公司和義興公司——也為本身利益分別支持不同部落；海山公司領袖盛明利在這段互相爭奪礦區利益的械鬥過程中被殺，葉亞來則負傷逃走。這場鬥爭持續了六個月，當地的華商選出葉亞石為繼任的華人甲必丹，但他推辭這個職務，轉而舉薦葉亞來，因此葉亞來就以二十四歲的年紀成為森美蘭州最年輕的華人甲必丹，並且受到當地的好評。[7]

一八六二年，葉亞來決定離開雙溪烏絨去吉隆坡。此時，當年提攜他的同鄉劉壬光已經成為吉隆坡當地的華人甲必丹，於是葉亞來到吉隆坡幫忙劉壬光處理行政事務並且管理錫礦廠。他先後於一八六四年及一八六五年開設「惠州公司」及「德生號」：前者是為了幫助來自惠州的同鄉到吉隆坡時有個可以依靠的地方，具有會館的性質，後者則是一間藥材行。這時候的葉亞來已經漸漸在吉隆坡嶄露頭角。

後來拉律地區發生了海山公司與義興公司的械鬥，海山公司敗走，吉隆坡的華人甲必丹劉壬光便找了同為客家籍的葉亞來，帶領海山公司的華工們前往吉隆坡協助開墾。一八六八年，葉亞來在劉壬光去世後成為吉隆坡的第三任華人甲必丹。在他的管理之下，吉隆坡不僅有自己的精銳部隊，且治安良好，葉亞來更因此有了「吉隆坡王」的稱號。

十九世紀末，雪蘭莪的蘇丹王室發生內鬥，葉亞來派兵支持蘇丹的女婿東姑・庫丁（Tengku Kudin）與巴生的拉惹作戰。戰爭持續了四年，吉隆坡滿目瘡痍，最後葉亞來與庫丁這一方終於獲勝。雪蘭莪蘇丹為了表揚葉亞來的幫助，讓他繼續擔任第四任的甲必丹。為了重建戰後的吉隆坡，葉亞來向英商及海峽殖民地的華商貸款，他在有計畫地造橋鋪路及重開礦廠的發展下，逐漸還清貸款，並且將吉隆坡打造成具有規模的城市。

現在吉隆坡最熱鬧並具有歷史意義的「茨廠街」（Petaling Street）附近有一條以葉亞來為名的「葉亞來街」（Jalan Yap Ah Loy）。當年英國殖民政府選定這裡就是因為這條街除了可以通往葉亞來開設的木薯工廠（粵語稱木薯為「茨」），也可以通往他的家及他創辦的惠州公司。[10]如果來到吉隆坡的茨廠街吃美食，別忘了尋找一下葉亞來街的路牌。

10 惠州公司是現在的雪隆惠州會館。

檳城的開發

美國獨立戰爭（一七七五至一七八三年）之後，英國與法國就處於敵對狀態，此時荷蘭因為十七世紀英荷戰爭的舊仇，與法國成為盟友，並且允許法國在遠東的軍艦停靠在荷蘭控制的港口。此舉嚴重影響英國在南洋的船隻，使得英國急著想在南洋再開發新的港口。來自英國的法蘭西斯・萊特船長向英屬印度總督建議占領暹羅附近的島嶼，但是不被總督採納。

此時，原屬於暹羅藩屬國的吉打想脫離暹羅的控制，便轉而向英國尋求保護。萊特船長於十八世紀末來到吉打，希望吉打蘇丹能夠將檳榔嶼交給英國管轄，雙方達成有條件的共識之後，英國正式得到檳榔嶼的控制權，萊特船長成為檳榔嶼的總督。[11]

當萊特船長來到檳榔嶼時，他登陸的地點就是今天檳城著名的古蹟「康華利堡」（Fort Cornwallis）。康華利堡建於一七八六年，是一座防禦性城堡，以當時的印度總督查爾斯・康華利（Charles Cornwallis）之名命名。城堡砲的發射方向指向馬六甲，砲台下有座火藥庫，現在是講述檳城歷史的小型博物館。城堡與舊觀仔角（Esplanade）及維多利亞紀念鐘樓（Victoria Memorial Clock）毗鄰。現在看到的康華利堡是萊特船長的繼任者完成的建築。當年他以木椿搭建的城早已不復存在，可是這座消逝在時間中的城卻成為檳榔嶼的起點。

至於今天檳城的首府，即被列為世界遺產城市的「喬治市」，是為了紀念檳榔嶼開埠時的英王喬治三世而命名。至於位處檳威大橋另一端馬來半島上的威斯利省（Province Wellesley），則是為紀念英國第一任威靈頓公爵理查·威斯利（Richard Wellesley）；他於一七九八至一八〇五年擔任印度總督。他的弟弟亞瑟·威斯利（Arthur Wellesley）是在半島戰爭、滑鐵盧戰爭等打敗拿破崙的著名人物，名菜「威靈頓牛排」也是以他的名字來命名。

當萊特船長抵達時，當地的華人領袖以及信仰印度教或基督教的印度人等來到此地，歡迎萊特船長就任檳榔嶼的總督。其中，從吉打的瓜拉姆達（Kuala Muda）來到檳榔嶼的辜禮歡特地送上一張漁網作為禮物，向萊特船長表達歡迎之意。[12]萊特船長問他為什麼要送不值錢的漁網，辜禮歡回答說：「我來自中國福建省，我們當地的閩南語漁網的發音『hî-

11 條件的主要重點為英國負責保護檳榔嶼及屬於吉打蘇丹的鄰近海岸，吉打蘇丹則以檳榔嶼換取英國對吉打的保護。

12 辜禮歡是福建人，早年下南洋，先後由馬來半島的吉打至檳榔嶼發展，是當地的華人甲必丹，著名的僑領。其子辜安平曾任林則徐幕僚，曾赴台灣任道台一職。而辜安平的後代就是台灣有名的鹿港辜家。

bāng』音似漢語的『希望』，您的到來是為檳榔嶼的開發帶來希望。」因此辜禮歡給萊特船長留下極好的印象，對於日後辜家在檳榔嶼的開發取得很好的先機與特權，而他本人也成為英國殖民檳榔嶼之下的第一位華人甲必丹。

萊特在檳榔嶼實施自由港措施，各國自由經商，並免課稅，主要目的是希望吸引馬六甲的華商前來經商，能夠以最快的時間將檳榔嶼發展起來。華人在檳城的開墾可以從檳城五大姓窺知一二：龍山堂邱公司、石塘謝公司、植德堂楊公司、九龍堂林公司、穎川堂陳公司。[13]五大姓之中，邱、謝、楊都來自福建漳州的三都，檳榔嶼開埠時，來自中國閩南一帶的移民相繼來到檳榔嶼，維持原鄉比鄰而居的傳統，這三姓的祠堂都在喬治市閩南人城區聚落。

如今在檳城熱門的觀光景點之一，莫過於姓氏橋。姓氏橋保有過去華人下南洋到了檳城，以海為生，搭起一座座用樁柱支撐的海上房屋，並鋪上木板走道作為鄰居之間走動的橋梁，是感受華人移民歷史不可錯過的地點。至於聚落之間的界線就是以姓氏劃分。最初的檳城姓氏橋是華人因工作而聚居才打造出的一種暫時性的生計空間，現在由渡輪碼頭往姓氏橋方向走，依序可以看到姓林橋、姓周橋、姓陳橋、姓李橋、雜姓橋與姓楊橋。其中以姓周橋規模最大，排列的房屋有五百公尺長左右，沿途有販售紀念品及冷飲的小店家，也有一些民家提供住宿。電影《初戀紅豆冰》就在此拍攝。

過去，檳城人認為姓氏橋所處的地段是龍蛇混雜之處，直到上個世紀末，馬來西亞海運政策改變，加上二〇〇八年喬治市被列入世界遺產城市才改變了大家對這個地段的觀感，成為炙手可熱的地區。這個地段稱作「海墘」（Weld Quay），因為這裡的海水不夠深，所以大船沒辦法直接停靠港口邊，因此就需要有吃水較淺的小船來當作接駁船隻，運送物品及人回到岸上。過去一百多年中，各條橋的男性大都以這樣的船隻接駁工作為生。

目前姓氏橋已經是第五代居民的住所，由於這個地段自英國殖民開始就是所謂的「臨時地契」區（Temporary Occupation License），所以直到現在橋上的居民還是拿著臨時地契，每年須向州政府繳交約一百八十馬幣的費用。[8]

13 謝公司是明朝南下謝氏家族的祠堂，也是檳城五大福建姓氏之一，謝公司就是謝氏祠堂的意思，建築本身是中國式但屋頂有英式的獅子頭。祠堂於一八七三年完工。一九三〇年修復期間，曾經發現過許多清末革命時的文物，代表這裡曾是海外革命的基地之一。離謝公司不遠還有一個龍山堂邱公司，均需購票參觀，周潤發電影《安娜與國王》（*Anna and the King*）曾在此拍攝。

拉讓江的開發：從福州墾場到興化墾場

東馬砂拉越州的華人人口約近八十萬，在全州兩百六十萬人口的比例下，相較馬來西亞其他州來說是比較多的。拉讓江則是砂拉越的第一大河，全長五百多公里；自十八世紀上半葉開始，就有零星的華人用以物易物的方式與此地的原住民進行零星的貿易活動。他們大部分是藉由古晉與沐膠（Mukah）之間的碩莪貿易[14]來到拉讓江口一帶，但這類貿易活動仍屬間歇性而不固定。此時布洛克王朝的勢力尚未延伸至此地，大型的開墾要等到十九世紀中葉，布洛克王朝在這裡建立第一座堡壘之後，才開始慢慢展開。今天的拉讓江流域中有一座小鎮叫做加拿逸（Kanowit），這裡還留著詹姆士·布洛克以自己妹妹的名字為名所興建的「愛瑪堡」（Fort Emma）。

今天砂拉越的第三大城詩巫（Sibu）在那個年代還僅是一個前往加拿逸途中會經過的歇腳處。直到一八六三年，位於詩巫的「布洛克堡」（Fort Brooke）完工後，開始有來自古晉及新加坡等地的華商到這裡發展。他們主要是福建人與潮州人，大部分都從事商業活動，之後還有廣府人來此經營伐木業，使得這裡開始成為繼古晉之後，貿易最為發達的地區，甚至有固定的船班往來新加坡與詩巫之間。

到了十九世紀末，大批來到砂拉越拓墾的華人當屬黃乃裳（一八四九至一九二四年）最為人所知。清末舉人黃乃裳在十八歲受洗成為福建最早的一批基督徒之一。他於光緒二十年（一八九四年）應考甲午科鄉試中舉，後來甲午戰爭爆發，黃乃裳與另一位來自漳州的邱菽園[16]均參與了「公車上書」，從此與南洋的革命事業有著千絲萬縷的關係。他在戊戌政變失敗後，帶著親友來到砂拉越開墾，落腳於今日的詩巫，逐步建立了當地以福州人為主的華人社會。

黃乃裳自清光緒二十九年（一九〇〇年）開始，曾三度率領福州的鄉民千餘人來到詩巫。黃乃裳與當時的白人拉惹查爾斯．布洛克立約開墾，於拉讓江一帶開闢「新福州墾

14 馬來西亞是亞洲主要出口硕莪的國家，在砂拉越盛產硕莪的地方就是拉讓江流域，尤以沐膠一帶最多。硕莪樹可以養硕莪蟲，是當地原住民馬蘭諾族（Melanau）補充蛋白質的重要來源，而硕莪樹可以生產出硕莪澱粉，至今仍是馬來西亞重要的農業收入，排在胡椒、棕櫚油、橡膠之後。

15 邱菽園（一八七四至一九四一年）是新加坡著名的華僑領袖，曾經資助戊戌政變後流亡至香港的康有為來到新加坡。

場」。作為重要開墾的帶領者，他有了「港主」的頭銜。[16]今天詩巫省名氣響亮的華文獨立中學「黃乃裳中學」便以黃乃裳命名。

黃乃裳的女婿林文慶（一八六九至一九五七年）是一位在新加坡及中國推動現代化與教育改革的醫生，他也曾經在康有為流亡新加坡期間提供居所給他住。為了確保康有為的安全，有資料顯示黃乃裳在與邱菽園及林文慶協商後，建議康有為來到當時對清朝勢力而言尚屬陌生的砂拉越，也因此黃乃裳才有了南移至砂拉越進行大規模開墾的動機。

黃乃裳三次招募華人移居拉讓江畔開墾，但因為水土不服加上當地屬沼澤與原始森林地貌，與華人原鄉大不相同，因此當時的開墾事業受制於不良的衛生條件，而農作物的收成也不樂觀。在嘗試種植華人擅長的稻米與甘蔗後，收成利潤仍不如預期，黃乃裳在經歷巨額虧損之後，黯然離開詩巫。後來新福州墾場由衛理公會傳教士富雅各（James Matthew Hoover）接手，改變了種植的作物種類。衛理公會支持富雅各從新加坡引進橡膠樹的種子，輔導墾場栽種，因為橡膠適合熱帶雨林的地理環境，所以在橡膠種植成功之後，華工開始有了穩定的收入，而橡膠也逐漸廣為種植，成為詩巫的經濟命脈。從一九〇三至一九三五年，富雅各一直都是衛理公會在詩巫新福州墾場的主持人，他也獲得了「福州人保護者」的稱號。

說到馬來西亞農業經濟發展的大轉變，就數十九世紀末的橡膠種植了，最早是由馬六甲的陳齊賢成功種植四十畝橡膠，帶動英國人投資。[17]林文慶也在這個時候大力鼓吹種植橡膠。二十世紀後，汽車日漸普遍，橡膠需求量大增，一直到今天橡膠都是馬來西亞重要的出口商品。

黃乃裳雖然開墾失敗，但是他開啟了閩粵一代的華人對南洋的新視野。下南洋的移民風潮開始來到了砂拉越，譬如來自廣東的鄧恭叔（一八五五至一九二五年）在一九〇二年來到詩巫開設「廣東墾場」，並且以種植胡椒為業。今天的砂拉越是著名的胡椒生產地，出口量是全馬來西亞第一。

繼廣東墾場之後，在福建興化傳教的美國傳教士蒲魯士（William Nesbitt Brewster，

16 港主制度源於馬來亞的柔佛。當地貴族招攬華人到河岸邊開墾，不論是獨資或合資的華人，選定區域獲准設港經營後，就可以用姓名、地名或店名作為港名，負責實際開發事務的「頭家」就稱作「港主」。

17 陳齊賢（一八七〇至一九一六年），祖籍福建海澄，生於馬六甲，子承父業研究熱帶植物，曾經從巴西秘密帶進橡膠種子試驗試種，經過一連串失敗，在林文慶不斷鼓勵下終於栽種成功。

一八六二至一九一六年）招募興化人百餘名，來到詩巫新珠山下游，開闢「興化墾場」。當地人有句話說：「無興不成市，無化不成街。」雖然興化人的人數不及福州及廣東，但是對於拉讓江流域的開墾還是有著很大的影響力。

第四章

華僑為革命之母：孫中山與會館

清末維新派的變法與革命派的「驅除韃虜，恢復中華，創建民國，平均地權」的兩股浪潮，衝擊了守舊封建的中國。當時尚屬於英國管轄的新馬對維新派及革命派的態度基本沒有太大的差別；不過對英國政府來說，保持與中國一定的友好關係，並且防範維新派或革命派破壞殖民地的社會秩序是首要的考量，因此英國政府對公開將新馬一帶作為革命前哨的作法持反對態度。但另一方面，英國畢竟是歐洲最早開啟議會政治的國家，對於康有為或孫中山這樣的改革先驅者傾向抱持同情，並且不會輕易低估他們在政治上的影響力——協助他們在中國鋪下後路，是比較聰明的作法。所以在默許的情況下，這些維新分子或革命黨來到新馬一帶，基本上還是能夠因人道主義的考量而獲得善待。他們會稱呼康有為是「親滿清的改革黨」或「中國改革者」，也會稱呼孫中山為「反滿清黨」或「著名的中國改革者」。[1]

在一八九八年戊戌政變之後，康有為與梁啟超在海外組織「保皇黨」，主張中國實行君主立憲。這樣尚保有傳統「忠君愛國」的思想受到不少海外僑商的支持。保皇黨在海外各地有一百多個分會。新加坡著名的富商邱菽園就將大部分的財產捐予保皇黨維新之用。此外，康有為的南逃就是在英國人的協助下，先從天津搭船經上海轉香港，再獲得邱菽園的幫助，輾轉來到新加坡。

與此同時，同盟會也在其他支持革命的華僑幫助下，積極地創辦報刊，譬如舊金山的《少年中國晨報》、檳城的《光華日報》、東京的《民報》等；其中《光華日報》至今仍在發行，成為馬來西亞華文報界歷史悠久的翹楚。而為了啟迪民智，讓普羅大眾更加明白究竟何為「革命」、何為「共和」，各地的同盟會也創辦了各式各樣的「閱書報社」。其中「檳城閱書報社」留下的革命腳印，如今成為檳城著名的「孫中山史蹟巡禮」的重要核心。孫中山本人也曾多次訪問檳城，[2]不管如何，檳城之於同盟會發動多次起義，的確占有很大的影響力。

1 新加坡學者黃賢強在《跨域史學：近代中國與南洋華人研究的新視野》一書中提到，英國政府認為，他們不能明顯偏頗清政府、康有為或孫中山任何一方，如此才能確保英國在中國最大的利益。

2 孫中山第一次訪檳城是在一九〇六年，一共訪問檳城五次。另有一說是他在一九〇五年便來過檳城。詳參朱浤源，〈從史蹟追尋孫中山民主革命之夢〉，《孫中山與海外華人論文集》，（台北：中華民國海外華人研究學會，二〇一〇年），頁二十七。

檳城的「孫中山史蹟巡禮」

還記得二〇一一年前後，為了紀念一九一一年辛亥革命百年，出現了如《十月圍城》、《辛亥革命》這樣大牌雲集、大製作的電影。不管評價如何，電影試圖將清末以來的變革思想串聯到多場戰爭，用影像的方式讓我們回溯這段百年前可歌可泣的歷史，仍是值得一看。《辛亥革命》這部電影中的一開頭，就是飾演黃興的成龍和飾演其夫人的李冰冰在有著白磚牆、木頭百葉窗的濱海大房子內的鏡頭。海灘上還有一群年輕人在玩水，其中一位就是胡歌，他飾演即將在黃花崗起義奉獻生命的林覺民。儘管電影修改了部分史實，但這段畫面有屬於革命的浪漫理想，也說明了檳城作為革命基地的重要性。

檳城有三大革命基地，分別是同盟會檳城分會、檳城閱書報社及光華日報社。光緒三十一年（一九〇五年）孫中山結合興中會、華興會、光復會等多個革命組織，將革命的力量試圖扭成一股繩，成立推動第三次到第十一次起義的「同盟會」。此後，孫中山積極地在各地拓展分會；革命的浪潮席捲新馬，新加坡、吉隆坡、檳城等地先後都有分會成立。檳城在一八八二年就已經有國際電報局，革命事業也可以經由新加坡與馬六甲來和歐洲及東亞各大城市取得聯繫，匯兌及金融條件也都很好。一九一〇年，檳城成為同盟會南洋支部的所在地，取代了過去的新加坡同盟會南洋支部。

一九一〇年，孫中山召開「檳城會議」（又稱為庇能會議），策劃第三次的廣州起義；與此同時，維新派康有為等人也積極在檳城活動。由於當時華僑社會普遍難以接受激烈的革命思想，孫中山認為必須要有一個書報社來推動啟迪民智的工作，同時書報社也可以作為革命運動的秘密基地之一。於是這間肩負革命大任的書報社的命名與組織章程由孫中山先生的文膽汪精衛來操刀，「檳城閱書報社」於焉成立。另一方面，檳城同志招股合作，在一九一〇年年底也成立了《光華日報》，進一步將革命思想擴散。

這三大革命基地各司其職，檳城同盟會是指揮總部，但因為英國政府反對大張旗鼓的革命活動，所以同盟會的活動基本上都是秘密進行。檳城閱書報社是經政府批准的合法場所，所以可以光明正大地推廣教育，鼓勵閱讀風氣，為革命言論的發表提供一個正式的管道。《光華日報》就是革命最好的廣告商與宣傳，對於吸收新馬華僑對革命的支持功不可沒。

有感於孫中山與革命事業在檳城紮實的足跡與成果，加上檳城喬治市在二〇〇八年被聯合國教科文組織列入世界文化遺產後，當地的文史工作者更加有志一同地為保留檳城的歷史文化做出努力。其中「檳城古蹟信託會」（Penang Heritage Trust）是為喬治市申請世界文化遺產的幕後推手，以保護喬治市的物質與非物質文化遺產為組織的主要目標。在信託會主席林玉裳的帶領下，《孫中山史蹟巡禮》的策畫就開始動員了起來。他們列出十八個與孫中山及其追隨者相關的地點，並在每個地點掛上「孫中山史蹟巡禮」的招牌與文字說明，期望讓接受馬來文教育、英文教育及華文教育的馬來西亞人都能更認識這段曾經在檳城發生的關鍵時刻。這十八個地點如下：

1、中路六十五號

這裡曾是小蘭亭俱樂部的舊址。一九〇八年，孫中山訪問檳城時曾在此發表演說，獲得熱烈迴響，而檳城閱書報社也在這一年於柑仔園九十四號成立。一九一二年，檳城閱書報社經過多次搬遷後落腳中路六十五號。閱書報社的主要分子主張興辦教育，作為革命的基本工作。一九一五年，陳新政、丘明旭、徐洋溢、林如德、許生理等人開會磋商，決議創辦國民班，由徐洋溢命名為「鍾靈學校」。該校一開始暫借在邰牛後街十八號開課，後來人數增多，便於一九一八年遷至中路六十五號。一九二三年，正式成立為「鍾靈中學」。

2、椰腳街二十二號（現為檳州華人大會堂）

前身為平章會館，創立於一八七五年，以鄉紳為領導核心，排解幫會之間的交流，並促進文化教育活動。一九〇六年，孫中山先生曾偕黃興、胡漢民、汪精衛等人在此發表演講。

3、柑仔園二十九號

一九一九年，檳城閱書報社成員陳新政、許生理等閩籍僑領，認為檳城有許多閩籍僑民但卻沒有培養女子教育的地方，所以決定創辦「福建女校」，校址設於柑仔園二十九號。創辦初期的經費是移用籌賑福建水災的餘款，所以命名為福建女校。一九五一年後改稱為「檳華女子中學」。汪精衛先生也曾在此處發表演講。

4、柑仔園九十四號

此處為黃金慶的私人宅邸。黃金慶是《檳城日報》的創辦人，在當時多數華僑較支持康有為等人的立憲派時，他與吳世榮是追隨孫中山革命派思想的鐵桿支持者。當孫中山在一九〇七年的鎮南關之役及一九〇八年的河口之役均起義失敗之後，便希望革命志士能迅速組織報館和閱報社。一九〇八年，檳城閱書報社於此正式成立，吳世榮與黃金慶分別當選正副社長。

5、打銅仔街一百二十號（現為孫中山檳城基地紀念館）

因為檳城閱書報社社務蒸蒸日上，加上原址離市區較遠且已不敷使用，一九〇九年便喬遷至此。第九次廣州新軍起義失敗後，孫中山曾在此處召開緊急會議，講題為「革命需有勇氣與方法」。所有同盟會南洋支部的成員均到場聆聽，並成功在現場籌得革命經費約八千叻幣，[3]激發了一九一一年黃花崗之役的發動。這段著名的籌款演說在二〇〇七年的電影《夜・明》也有生動的畫面呈現。

6、紅毛路十一號（現為謝德順故居）

這棟洋樓由謝德順與謝德泰兄弟所建，後來謝德順的女兒嫁給檳城閱書報社的創辦人吳世榮。吳世榮出身富貴，娶得謝家千金後同時擁有岳家與自家的房產。這棟洋樓在當時是檳城的地標，但因為吳世榮醉心於支持孫中山的革命事業，散盡家財，這棟建築物也一度慘遭變賣以支持孫中山的革命活動。一九〇八年，這棟建築被轉手賣出，改建成清朝駐檳城的領事館。[1]

7、打石街二十五號

吳世榮與黃金慶曾在一九〇六年接待初抵檳城的孫中山，當時這裡是吳世榮祖傳生意

「瑞福棧」的所在地，過去專營麵粉、火柴等雜貨生意。一九三二年，檳城閱書報社辦事處從畓田仔一百五十二號搬遷至此，鍾靈校友會也在此建築之中。

8、緞羅申街一百九十七號

這裡原是孫中山先生支持者黃金慶的父親創立的「得昌號」舊址，後來黃金慶之子繼承父業，加入革命運動。過去曾作為同盟會秘密通訊處，與世界各地同盟會往來的信件及密電聯繫都會經過此處。據《孫中山全集》記載：「一九一〇年七月十九日，孫中山第四次抵達檳城前，曾化名高野寄出一封信，告訴他的同志何時到達檳城，該信的通訊地址，便是寫著『Tek Cheang 197, Beach Street』（緞羅申街一九七號得昌號）。」

9、中街兩百二十四號

此處為陳新政先生創立的「寶成號」的地點，專營土產生意。陳新政先生為《光華日報》社長，他於一九〇六年加入同盟會檳城分會，和吳世榮、黃金慶合稱「檳城三傑」。他同時也是取「鍾靈毓秀」之意，幫鍾靈學校命名之人，爾後他也創辦了福建女校。[2]

3　一八九九至一九三九年由英國殖民政府在海峽殖民地發行的通用貨幣。

10、打鐵街兩百五十七號

此處原為檳城閱書報社創辦人之一丘明昶經營的「吉昌號」，專營繩索店，供應往來檳城港口的船隻。丘明昶是孫中山革命事業的支持者，同時他也是檳城鍾靈學校的創辦人之一。

11、畬田仔一百三十四及一百三十六號

此為許生理及其堂兄弟合創的「金聯盛金莊」與「金聯益金鋪」的地點。許生理曾任檳城中華總商會董事及副會長，早年以冶煉黃金業起家，後來與家族兄弟創立金莊與金鋪，分號遍布新馬兩地，有「金王」之稱。他也追隨孫中山的革命活動，成為檳城閱書報社的發起人和領導人之一，並對革命活動慷慨解囊。[3]

12、郈牛後街十六號及十八號

一九一二年，檳城閱書報社同仁集資購得郈牛後街十六及十八號房屋，一充作光華日報社址，另一處則作為檳城閱書報社辦事處。

13、柴路頭二號及四號

光華日報第三社的地址，未來將改建為光華日報文物館。

14、甘光內三十八號

同善學校舊址。

15、本頭公巷八號

這裡是明朝南下的謝氏家族的祠堂。謝氏是檳城五大福建姓氏之一，「謝公司」就是謝氏祠堂的意思，其建築本身是中國式但屋頂有英式的獅子頭。祠堂於一八七三年完工。一九三〇年修復期間，保存了先人重視教育設立育才學堂的擺設。另外，由於這裡曾經發現過許多清末革命時的文物，說明這裡曾是海外革命的基地之一。據說當年孫中山在此開會時遭到英政府的巡警圍捕，就是從謝公司內的暗門撤離。[4]

16、打石街一百四十五號（現為捷昌有限公司）

檳城閱書報社辦福建女校成功，學生激增，著名華僑領袖陳嘉庚購下這棟建築作為校舍，並將學校改名為檳華女子中學。陳嘉庚也曾籌組「南洋華僑籌賑祖國難民總會」（簡稱籌賑會），動員南洋華僑在抗日期間踴躍捐款。

17、畓田仔一百五十二號（現為麗澤華校）

鍾靈學校的發展蒸蒸日上，擴大成中學，檳城閱書報社因社務校務繁重，加上一九二八年濟南慘案的發生成立全檳賑濟祖國傷兵難民募捐團，報社原址無法再負荷多重功能，便暫借此地作為辦學之處。此處也是麗澤社與麗澤學校舊址。

18、南華醫院街四十八號

一九〇八至一九一一年間，孫中山先生的海南籍支持者在這裡成立「益智閱書報社」，宣傳革命思想。[4]後來英國政府認為益智閱書報社成員募款接濟同盟會革命，因而下令關閉。一九一三年，益華學校在此地建校，現為益華小學。

從上述十八處地點來看，不難想見革命事業的不穩定性與危險性，一方面要躲避清朝海外勢力的追捕，二方面在英國殖民政府的眼皮子底下也要有所收斂，不能太過明目張膽。因此像檳城閱書報社等組織都必須不斷搬遷，在「危險」與「接納眾多有志參與革命事業的華僑們可以有共謀之地」，這兩者之間試圖取得平衡。據說打銅仔街一百二十號這個地方之所以能成為檳城閱書報社的地點，就是因為革命黨人可輕易從屋後逃往淡米爾回教徒聚居的甘榜哥南（Kampung Kolam）和甘榜嘉嘉（Kampung Kaka）。這個地方座落於海峽華人的住宅區，位於主要商業區的邊緣。[5]

孫中山在吉隆坡的革命路線

革命年代下，名為書院的宗祠

提到在吉隆坡與革命有關的古蹟，「陳氏書院」大概是知名度比較高的一個。雖然它與孫中山的十一次革命並無直接的關係，但在那個華人宗族社會的聚會場所容易與革命聯想在一起的年代，適度地妥協更名變得相當必要——陳氏書院是馬來西亞唯一一間以「書院」命名的宗祠。

早期華校的設立與中國的私塾並無不同，主要有三種形式：一是富裕人家為自家小孩聘請專屬的家教；二是藉廟亭當作臨時私塾；三是某一方言群的人為了同鄉子弟學習，禮聘飽學之士在公會、會館等地辦私塾。一直到二十世紀初期，華校的設立開始有如雨後春筍，從私塾式的教育轉型為具規模及體制的新式學堂。

4 革命黨人在各地開辦閱書報社，宣傳革命思想，益智閱書報社就是當時海峽殖民地以外的馬來亞華人有志之士創辦的閱書報社。

陳氏書院位在茨廠街的南端。在海外的華人非常重視地緣性、血緣性及業緣性的關係，層層疊疊地組織成龐大的海外華人社會，其中宗親性質的社團更是在海外蓬勃發展。十九世紀末，吉隆坡的錫礦家陳秀連等人，在吉隆坡成立陳氏宗親會。爾後，陳秀連因為至中國廣州西關見到了當地的陳氏書院落成，建築美輪美奐，於是便興起了在吉隆坡也建一座陳氏書院的念頭。

陳氏書院在一八九七年起建，至一九〇八年完工，建築外觀仿照中國廣州西關的陳氏書院，但規模較小。孫中山與同盟會會員常將南洋各地的地方宗祠，作為推廣革命之處。為了讓宗祠與革命撇清關係，當時的滿清政府就要宗祠改名，所以廣州西關的陳家祠成了陳氏書院。辛亥革命以後，廣州陳氏書院恢復舊名，但吉隆坡的陳氏書院依然保持原名。

吉隆坡的革命之路

說到吉隆坡的華僑對革命事業的支持，就不能不提杜南這號人物。《杜南先生哀思錄》一書提到：「益賽會是清末與光復會、哥老會、振武會等一樣的革命組織。它依附在衛理公會之下。」[5]吉隆坡也有這麼一條被人淡忘及忽略的孫中山革命之路。

杜南比孫中山年長十多歲，兩人是廣東同鄉並且都是基督教衛理公會的教友，相識於檀香山，此後兩人就對改革清末中國時弊有著相同的熱誠與見解。當孫中山成立興中會並發動第一次廣州起義失敗後，杜南也遭受到清朝的通緝，之後輾轉來到吉隆坡，定居於今日茨廠街附近的蘇丹街（Jalan Sultan）九十二號。[6]今天與蘇丹街相交的雞場街（Jalan Hang Jebat）上有一間吉隆坡最早的華人教會「福音堂」，它的創辦人之一就是這位杜南先生。福音堂的外圍組織即是「青年益賽會閱書報社」，主要任務就是支持孫中山的革命事業。

杜南在吉隆坡僑居期間結識錫礦富商陳占梅、土生華人富商陸秋傑等人。其中陳占梅在吉隆坡協助孫中山組織同盟會，並且成立《立益群報》。而陸秋傑則是檳城出生的土生華人；他在馬來聯邦擔任包稅公司的總經理，在英國殖民時期，他是唯一可以在英屬土地上擁有私人房產的土生華人，而他的兩層樓洋房已經被吉隆坡列為「陸秋傑故居」保存。其房屋

5 益賽會原為教會作為聯絡群眾之用的組織。孫中山來到吉隆坡後，利用益賽會的合法地位開始宣傳同盟會的宗旨。

6 Jalan Sultan中的Sultan指的是蘇丹（國王之意），這條路之所以用蘇丹命名是因為早年這裡曾經有個火車站，十九世紀的雪蘭莪鐵路有經過這裡，據說蘇丹曾經在這裡下車，所以這條路才稱作Jalan Sultan。

所在的區域還用了「秋傑」（Chow Kit）當作地名，今天吉隆坡單軌列車就有一站的站名叫做「秋傑站」。

在茨廠街除了有華人甲必丹葉亞來的相關街巷，還有一條名為思士街（Jalan Hang Lekir）的熱鬧街道。吉隆坡有名的金蓮記福建炒麵、葡萄牙燒魚、新九如牛腩粉，以及人人喝了都說好的羅漢果涼茶都在這裡。

一八九七年，與孫中山、陳少白、楊鶴齡被清政府合稱為「四大寇」的尤烈在香港成立「中和堂」，目的就是要團結秘密會黨的力量投入革命活動。一九〇一年，尤烈來到新加坡宣傳革命，獲得勞工階級及會黨的支持；他接著來到吉隆坡、怡保、檳城、芙蓉等地設立分堂，並與杜南在吉隆坡合組「中和講堂」，定期宣講《四書》、宣傳反滿及共和等思想。中和堂的影響力漸漸地從勞工階級轉移至知識分子，許多原來支持維新派的保守派受到中和堂的影響也轉為支持革命。王楊紅在〈中和堂的興起、發展及其與興中會、同盟會的關係〉一文中提到：「新馬中和堂的設立及所進行的活動，為日後新加坡同盟會分會的建立，奠定必要的思想、基礎組織……早期的新馬中和堂（一九〇一至一九〇六年）不僅是革命的外圍組織，即『興中會外府』、『興中會之別派』，某種程度上也是『興中會之南洋支會』，其主要的貢獻，是在於招致下層社會和會黨人士參加革命。」新馬中和堂成員王和順、黃明堂、關仁甫是一九〇七年的欽州起義和鎮南關起義，以及一九〇八年河口起義的實際指揮者。[6]而見證並帶領這段革命熱血歲月的中和堂，是首度使用青天白日為旗幟的海外華人革命團體，地點就位在如今的思士街。

一九〇六年七月，孫中山由新馬橡膠業富商陳楚楠、砂拉越詩巫福州墾場墾主黃乃裳等人陪同至多個礦業重鎮，包括吉隆坡、芙蓉、怡保等地。次月，中國同盟會吉隆坡分會成立，會長為陸秋傑，副會長則為汪清。當時入會有三十多個人，而檳城分會也告成立。

成功將革命思想宣傳至庶民的中和堂就位在名聞遐邇的茨廠街一帶。不過今天到茨廠街吃美食逛廉價商品的觀光客們，抑或是在這裡的店家，又有幾位可以把熱鬧的茨廠街與當年的革命歲月聯想在一起呢？

怡保的孫中山革命之路

從維新派到革命派

怡保一直是維新派保皇黨的重鎮，因為開礦有成，富商不少。孫中山有心將新馬作為同盟會籌募經費的重要基地，因此數次在馬來亞吉隆坡、檳城公開演說，並且在《中興日報》加強革命言論的宣傳，在一九〇七至一九〇九年與另一份由保皇黨主控的《南洋總滙報》進行筆戰，對新馬華人看待革命一事頗具影響力。一九〇七年，中國同盟會怡保分會成立，主要由鄭螺生、李源水、[7]李孝章與黃怡益主導。

一九一一年，黃興曾來到怡保，並與前述四位主幹人物及其他分會的重要人物於舊街場文東路口附近的「十三間」別墅召開籌備會議，可見怡保分會的重要性不亞於檳城及吉隆坡。

鄭螺生是怡保分會的重要人物，在怡保開設「吉興號」經營緬甸及泰國運來的煤油、大米等雜貨起家。當康有為流亡到新加坡的時候，他曾經受到新加坡僑領邱菽園、林文慶的邀請至怡保一遊，當時的鄭螺生熱情地盡地主之誼。後來時任南洋保皇分會會長邱菽園在《天南新報》揭發康有為私吞華僑給保皇黨的捐款，導致一九〇〇年唐才常在湖北、湖南及安徽等地的自立軍起義失敗。唐才常以推翻慈禧、建立光緒君主立憲的體制為目標，這場起義事前收攬了當時的興中會部分人力的幫助，但卻沒收到康有為承諾的資金援助。起義失敗後，唐才常遭到湖廣總督張之洞的斬首，清末知識分子對維新派保皇黨的支持轉而投向孫中山主導的革命派。

這件事之後，鄭螺生轉而支持革命派，並且成立中國同盟會怡保分會，募集革命資金不遺餘力，怡保分會也在他的支持運作下，自辛亥革命成功後，轉而成為國民黨怡保直屬支部。除了參加革命活動的鄭螺生之外，尚有李源水及李孝章，是怡保同盟會重要會員，而在「廣州起義」犧牲的七十二烈士中，溫生財、余東雄、郭繼枚是出身霹靂州過去重要錫礦產區務邊（Gopeng）的人。一九一〇年，孫中山為籌募革命經費，曾在鄭螺生等人的陪同下，會見務邊的華人領袖。在辛亥革命前後，務邊的社團及商店都懸掛孫中山的肖像，表示

7 與鄭螺生創辦「道南俱樂部」，鼓吹反清革命，一九〇七年，孫中山抵達馬來亞，成立同盟會吡叻分會，鄭螺生為會長，李源水為副會長。

支持孫中山與革命。

怡保的革命之旅

多數討論馬來西亞的華僑參與革命的歷史敘述，多半還是集中在檳城與吉隆坡，但同樣身為早期即有不少華人前往開墾的霹靂州，其首府怡保周遭也留下不少革命的歷史痕跡。

一、城郊「霹靂洞」與孫文墨寶

相較於檳城革命之路的知名度，革命在怡保留下的腳印可就相形失色了些。其實怡保著名的觀光景點「霹靂洞」就有座孫文紀念館，紀念館上的匾額題字，是前故宮院長秦孝儀所題，館內留存不少孫文的手稿及珍貴的黑白照片，紀念著革命先烈們。

霹靂洞是大型的石灰岩山洞，過去華人張仙如居士在一九二六年左右發現這座天然山洞，據說在裡面冥想了二十年直到在洞中離世。後來，這裡由青年詩人張英傑居士繼續主持，身為台北中華詩學研究會委員的他喜好收集墨寶，所以在他的管理之下，漸漸地霹靂洞除了是佛教勝地之外，也成為收集許多文人墨寶的地方，例如赫赫有名的于右任、胡適、張大千等，因此霹靂洞有「南島敦煌」之稱。

漢麗寶井。

馬六甲海峽清真寺。告示牌上寫著「世界最長暨最繁忙之海峽」。

荷蘭廣場附近可以看見「鼠鹿」的白色雕塑。

葡萄牙村前的基督像。

州元首府。它由三棟別墅組成，中間以一條走廊將別墅連接在一起。以白色為基色的州元首的官邸，搭配著一片綠草如茵的庭院，十分具有英殖民南洋的經典風味，氣派中不失貴族般的典雅，令人一眼難忘。目前並未開放觀光客進去參觀，但可以在門口拍照留念。

已有百年歷史的北婆羅洲蒸汽火車。

牛干冬街上的著名壁畫《兄妹盪鞦韆》，是聽障畫家顏詒隆（Louis Gan）的作品。

閒真別墅。位於怡保，建於1893年，現為展示殖民時期客家錫礦家生活的博物館。

姓林橋。建於19世紀中期的華人海上村落。目前約有40戶人家居住於此。

世德堂謝公司。位於檳城，是明朝南下的謝氏家族的祠堂。

陳氏書院。位於吉隆坡，是馬來西亞唯一一間以「書院」命名的宗祠。

霹靂洞。位於怡保，這裡除了是佛教聖地之外，還有座孫中山紀念館。

位於檳城喬治市的南僑機工紀念碑，於1951年落成。

位於古晉的一座大伯公廟。從上往下看的屋頂十分壯觀。

古晉星蓋山上教堂，融合了南洋風情與原住民的文化。

辣死你媽（Nasi Lemak）是大馬日常平民美食。攝於2016年馬六甲。

大型活動用的多彩撈生。攝於2010年古晉。

客家人擅長做菜粄。攝於2018年砂拉越州西連。

河婆客家擂茶。攝於2018年古晉。

客家釀豆腐。攝於2017年怡保。

福建肉骨茶。攝於2018年巴生。

白湯肉骨茶。潮州人將豬內臟處理得極好，豬套腸則是功夫所在。
攝於2009年沙巴州亞庇。

福建炒麵。攝於2018年吉隆坡。

檳城炒粿條。攝於2016年檳城。

海南咖啡配上咖椰吐司及兩顆半生熟的水煮蛋。攝於2016年於吉隆坡。

「咖啡烏」（Kopi O）就是指加了糖不加奶的咖啡。攝於2018年巴生。

來到霹靂洞除了參觀釋迦牟尼坐佛像之外，細細觀察洞內的題字，會發現以「中華民國」為標示年代的標記，令人有種時空交錯的感覺，暫時忘了自己身在馬來西亞。

二、姚德勝街與育才小學

錫礦大王姚德勝又有姚百萬的稱號，經商有成的他除了是怡保新街場的創辦人之外，也曾大力資助孫中山的革命運動。此外，重視教育的他也曾經擔任「育才公立兩等小學」（今育才中學）的校董；當時維新派與革命派在華社之間形成兩股對立的力量，身為革命派支持者的姚德勝與鄭螺生等人勝出，董事長胡子春退出校董會，育才小學成為支援革命的教育基地。日後，許多出身該校的學生參與了一九一一年的廣州起義，成為革命烈士。

三、金寶百年汽水廠與中西別墅

永興汽水廠位在距離怡保市區開車約半小時的金寶馬吉斯路。據說在怡保舊街場經營西藥房的黃怡益是孫中山在香港西醫書院的同學。黃怡益除了開設藥店，也經營一家霹靂汽水公司，以販售「熊貓牌」汽水聞名，是當時怡保的暢銷汽水。而這座位於金寶的永興汽水廠的汽水上也有熊貓的標誌，所以很有可能是黃怡益的產業。孫中山在一九〇八年曾經由吉隆坡北上至怡保，途經金寶與當地的礦業家王蘭谷見面；他當時曾住宿王蘭谷的「中西別墅」

並且曾經到別墅後方的汽水廠與他的老同學黃怡益敘舊。不過，這間有著革命腳印的百年汽水廠由於年久失修，其建築在二〇一六年倒塌了一部分，但這場倒塌事件卻意外地再度引起大家對孫中山的怡保革命之路的討論與探究。

除了上述的地點之外，馬來西亞作家陳素明，她的曾外公是怡保同盟會的李源水；在她努力研究及收集資料之下，《革命之路：孫中山及其同志在霹靂怡保的歷史足跡》成功於二〇一六年出版。書中整理了鄭螺生別墅、黃怡益墓址、姚德勝府、李源水店屋、中山學校、建國日報大廈、霹靂華人慈善劇班原址、三德學校、光興茶室等二十五個怡保革命之路的地點，供對這段歷史有興趣的朋友們尋訪。

第五章

紅日與赤色：日本人與共產黨

台灣人所認知的「抗日」，大抵上是以一九三七至一九四五年的「八年抗戰」為主。相較於曾經被日本殖民五十年的台灣，馬來西亞華人對於「抗日」的時間認知有所不同；有些馬來西亞華人認為的「抗日」是從一九三一年的「九一八事變」開始，一直到一九四五年二戰結束。在這段時間裡，曾經有幾個重要的抗日組織成立，譬如一九三七年於馬來亞成立的「馬來亞華人抗敵後援會」，以及一九三八年由新加坡華人領袖陳嘉庚於新加坡成立的籌賑會，其成員包含了新馬與其他東南亞華人，用義捐、義賣、義演與認購國債的方式為中國籌措軍費，成為中國在抗日期間重要的資金來源（大約有三分之一來自南洋華人的捐獻）。[1]另外還有於一九四二年一月成立的以華人為主的「馬來亞人民抗日同盟」，以及以華人為主、但參雜馬來人及印度人的「馬來亞人民抗日軍」；後者由馬來亞共產黨所領導，將近一萬名的兵力以游擊的方式牽制日軍，是抗日主力。

我們都習慣以自身歷史出發去思考過去發生的事件。「抗日」與「日本殖民時代」等詞彙在台灣人心中，如果可以用臉部表情符號來註解的話，我們會選用笑臉、哭臉抑或是生氣臉或憂鬱臉？如果能有個量化的數據來佐證的話，應該負面記憶高於正面記憶吧。

馬來西亞也有三年八個月的日治時代，對於當地華人而言，這不是一段可以給出笑臉符號的時代。但是對馬來人或印度族群來說，這似乎並不是最壞的年代。日本統治時代的馬來亞由於華人積極抗日，日軍對華人的鎮壓手段激烈，但對當地的馬來人則是採懷柔策略，打著扶持「馬來人民族主義」的旗號，大量啟用馬來人擔任員警並且鎮壓抗日的華人。這段時期大大加深了馬來人與華人之間的裂痕。

二十世紀初期，世界各地受到民族自決思潮的影響，民族主義的思潮迅速在亞非及拉丁美洲等地蔓延。住在馬來半島上的馬來知識分子，其民族主義大多受到伊斯蘭改革運動者的影響，是當時馬來人的思想主流。第一個馬來人的政治組織是一九三八年在吉隆坡成立的「馬來青年會」（Kesatuan Melayu Muda），創辦人伊布拉欣．耶谷（Ibrahim bin Yaacob）等人鼓吹馬來民族主義，主張馬來亞獨立及反英國殖民統治。一九四二年，他們遭到英國當局逮捕，直到日本入侵馬來亞時，這批馬來知識分子才獲釋。伊布拉欣．耶谷與日本駐新加

1 捐獻可分為賑款、義捐、公債、節約獻金、購械、捐獻棉衣、捐獻藥品等項目，並可再細分為定期捐款及臨時籌募。在中日戰爭開戰第一年，星馬各地華人在公債及義捐這兩項就籌得三千餘萬元；直至抗日戰爭結束，南洋華僑共捐獻了一億六千多萬元。詳參僑務委員會，《華僑愛國自動捐獻》，（台北：僑務委員會，一九六九年），頁六十至六十二。

坡轄下的秘密組織「藤原機關」協議，會加入日軍行列攻入新加坡，日本則向馬來人保證會保護其財產安全。[1]

另一方面，日本以「反殖民」為號召的口號也打動了部分印度族群。一九三七至一九三九年間，蘇巴斯・錢德拉・鮑斯（Subhash Chandra Bose）擔任印度國民大會黨（Indian National Congress）主席，在印度獨立運動的路線上屬於激進的「勇武派」。他與提倡「不合作運動」的甘地產生路線之爭，繼而被迫辭職，之後鮑斯便向二戰期間的軸心國陣營靠攏。由於鮑斯所代表的政治立場受希特勒的種族至上主義影響，他首先向納粹德國尋求協助；希特勒雖看中其反英的目標，但實際上只想把鮑斯當作一枚棋子。鮑斯於是轉向日本求援。一九四二年，鮑斯在日本的支持下成立了擁有四萬多軍力的「印度國民軍」（Indian National Army）與日軍並肩作戰；軍隊成員包括日軍俘虜的英屬印度軍戰俘以及日本控制的馬來亞和緬甸的印度人等。隔年，鮑斯在新加坡成立「自由印度臨時政府」（Provisional Government of Free India，一九四三至一九四五年），出任主席、外交部長與國防部長；這個「自由印度臨時政府」的目標是取代「英屬印度」。二〇一七年的印度電影《仰光之戀》（*Ragoon*）便以這段對多數人來說相較陌生的歷史作為背景。

扶植各地的傀儡政權來包裝其「大東亞共榮圈」的帝國野心，是日本在二戰期間慣用的手法。在太平洋戰爭期間，日本是唯一擁有強大軍事力量的非西方國家，並且在亞洲重創西方帝國主義。許多亞洲民族主義者將日本的擴張作為對抗殖民勢力的同盟力量。鮑斯就是一個典型的例子。在日本於一九四五年宣布投降之後，鮑斯在同一年帶著家當準備經由台北松山機場前往大連，但飛機卻在松山機場失控墜毀而亡。他的喪禮在台北西本願寺舉行，遺骨隨後運至日本。這段「鮑斯之死」還成為當時話題不斷的疑案。

三年八個月的日本殖民時代

台灣的歷史教科書將「珍珠港事變」當作是八年對日抗戰的轉折點。因為這起事件，中日戰爭被納入二戰的太平洋戰區，而中國在與同盟國並肩對抗軸心國後，在對日抗戰方面也從過去四年以「空間換取時間」的策略慘烈地拖住戰爭頹敗情勢，遇上了轉機。接下來，台灣歷史教科書的書寫主軸開始轉換到以西方為主導的視角，對於東南亞華人同樣灑熱血有錢出錢有力出力的抗日行動，並沒有多加著墨。

早在珍珠港事變發生的前一年，德義日軸心國正式於一九四〇年九月成立。日本在德國的協助下，迫使法國維琪政權（Vichy France）承認日軍可以進駐法屬印度支那北部。於是，日本進駐西貢，進而將整個法屬印度支那（越南、柬埔寨、寮國）納入版圖。同屬中南半島上的緬甸，為了要趕走英國人的勢力，翁山將軍（Aung San，翁山蘇姬的父親）在曼谷成立「緬甸獨立義勇軍」；他接受日本人的援助，雙方協議由日本協助訓練緬甸軍隊，合力趕走英國人。一九四二年三月，日本占領仰光；同年七月，緬甸境內的英軍被擊退。次年，緬甸國[2]成立，「緬甸獨立義勇軍」也改名為「緬甸國民軍」。日本在這段期間可以有效切斷自一九三八年開始修建的滇緬公路。

一九四一年十二月八日，日本從泰國南部的宋卡（Songkhla）與北大年（Pattani）以及馬來半島東海岸哥打峇魯（Kota Bharu，今吉蘭丹州首府，距離泰國約二十公里）一帶進入馬來半島。當時英軍的主力放在新加坡，因此日本從泰國南下的攻勢勢如破竹，接著日本擊退「威爾斯親王號」（HMS Prince of Wales）以及「反擊號」（HMS Repulse）取得了制空權與海權。一九四二年初，日本占領馬來半島與新加坡，進一步將新加坡改名為「昭南」，將檳榔嶼改名為「彼南島」並和其他九個土邦合併為一個省，由日軍二十五軍統治。日本軍政府將過去馬來屬邦[3]（Unfederated Malay States）中的四個土邦，即吉打、吉蘭丹、玻璃市、登嘉樓交還給暹羅，以換取暹羅支持。此時期的暹羅長年以來在英法角逐下勉強喘息保留國家主權，趁著法國投降德國時，打算收回過去割讓給法國的部分土地。於是在日本的調停下，法國把寮國與柬埔寨的部分土地劃歸暹羅。這項舉動讓暹羅開始轉向與日本合作，成為日本南下進攻馬來亞，往北攻打緬甸的跳板與通道。

此外，蘊藏豐富石油資源的英屬北婆羅洲一直都是日本的主力目標。一九四一年十二月中，已經取得越南金蘭灣控制權的日本從這裡出發前往婆羅洲的美里，不到一個月就征服整個婆羅洲，成為史上首個統治整個婆羅洲的政權。

2 緬甸國（一九四三至一九四五年）是二戰期間由日本在緬甸扶植的傀儡政權，與一九四八年脫離英國殖民獨立的緬甸聯邦共和國不同。

3 詳參本書第六章。

分辨異己的「大檢證」

二戰期間，中國的抗日思潮蔓延，相當程度地影響了東南亞華人。在一九三七年的蘆溝橋事變後，新馬的實業家陳嘉庚率先在新加坡發起組織籌賑會，號召南洋僑胞捐款救國。對日本人而言，當時「中國人等於抗日」的主觀想法根深蒂固，使得生著與中國人相似五官輪廓的東南亞華人成為眼中釘。另一方面，在同一時期，由蘇維埃第三國際扶植的共產黨也在各地遍地開花；以馬來亞為例，一九三〇年成立的「馬來亞共產黨」在日軍南侵之際，與英軍合作成立馬來亞人民抗日軍，成為此時期的抗日主力。因此日本在控制新馬一帶之後，對於華人與馬來人的政策大相逕庭；為了初步分辨誰是抗日的共產黨，不會說馬來語或英語的新客華人就是第一要被剷除的對象。

一九四二年的二月十八日至三月十日，日軍在馬來半島進行為期三周的「大檢證」。大檢證由山下奉文帶領的二十五軍下達命令執行，從新加坡開始，接著擴及馬來亞各地。他們命令華人「聽候良民登記」，男女老幼的華人分階段接受是否是共產黨分子的檢驗，無需證據及審訊，被懷疑者立即被拉上軍車載到海邊或荒山野地處死。據估計，這段時間遭到殺害的華人約有十萬人之多。[2]在清查告一段落之後，日軍便將其在台灣所用的「保甲制度」搬來新馬，依照區域大小分設區長、保長和甲長，配合員警維持治安。人民不能隨意移動並且與可疑共產黨分子往來，如果知情不報便會以連坐法來懲罰。

在經濟方面，日本政府還召集華人領袖並要求他們繳納「奉納金」給日本皇軍以表示忠誠，其金額高達五千萬元。當時新加坡的華人領袖林文慶組織「昭南島華僑協會」，卻被日本上校渡邊渡嚴格監視，後者更利用這個華商組織壓榨更多的奉納金，從現金到飛機捐、傷兵捐等名目都有。當時全馬華僑財產超過三百萬以上的人，紛紛變賣產業財務去籌措捐款。而在這個打壓華人的年代，馬來人及印度人不必繳納奉納金。至今，馬來西亞政府都還會派員至日本協調，要求日本歸還奉納金，但日本宣稱戰爭的問題已經處理完畢，所以這筆款項不了了之；即使馬來西亞華人代表要求就算不歸還現金，至少成立獎學金以優惠華人子弟就學，該建議仍然石沉大海。

長期以來占華人收入主要來源的錫礦開採與橡膠種植，在日軍入侵之後被宣告停止，如同台灣的皇民化時期，改將稻米等戰爭物資的供給視為優先。因此街市上的商業活動受到重創，許多華人為了溫飽搬遷至郊外，重新務農，種植油棕和蔬菜，或是畜養家畜。到了戰後，這批因日本壓迫而遷徙至郊外的華人，成為戰後英國為了反共而實行「緊急命令」，搬遷至新村的受害者。

「附日」與「抗日」

在進攻馬來半島與新加坡時，日軍以「建立亞洲人的亞洲」、「馬來亞是馬來人的」等口號吸引馬來人與印度人的支持。雖然日本人最終並沒有協助馬來人獨立建國，而是在馬來亞建立了軍政府，並實行親馬政策，保留蘇丹統治制度，任用馬來人為低階的文職官員或員警，欲以懷柔來拉攏馬來人。這段期間，華人受到日本嚴格監視與壓榨。由於華人長期掌握馬來亞的經濟，加上日本南侵初期便將馬來人口比較多的四個土邦劃給了暹羅，導致馬來亞的馬來人口由原先將近半數減至三分之一，相較之下華人的比例則大幅提升，這樣的人口差異造成馬來人的危機感，使得許多馬來人傾向與日本合作。有些馬來人甚至願意擔任日本人的密探，去對付抗日游擊隊。

在日本占領新馬期間，因為「抗日」與「附日」的不同立場，華人與馬來人之間的種族糾紛與衝突越演越烈。日本的統治政策打破了長期以來馬來人與華人兩大族群在政治上及經濟上壁壘分明的情形，其政策上的分化更使得兩大族群對立增強，並且延續到戰後。

值得注意的是，在日本入侵期間，英軍雖然與馬來亞共產黨有著共同的敵人，但馬來亞共產黨的反殖反帝訴求也讓英國有所忌憚。實際上，英國在抗日期間並不敢將精良的武器分給馬共使用，使得雙方雖有合作抗日之名，由共產黨領導的馬來亞人民抗日軍約一萬多名的兵力，只能用有限的武器，透過熟悉地形的優勢，轉入叢林進行游擊戰。二戰結束之後，英國勢力重返馬來亞。由於馬共在社會上掀起不少抗議及罷工事件，使其在英國殖民政府眼中已然成為破壞社會秩序的恐怖分子，而雙方的關係也逐漸從合作變成敵對。最終，馬來亞共產黨領導人陳平因為英國人選擇支持馬來人獨立建國，[4]於是在一九四八年正式展開武裝鬥爭，與昔日的盟友決裂、再次走向叢林，而馬來亞也進入為期十二年的「緊急狀態」。

4　一九二四年生於馬來亞的陳平的祖籍為中國福建。在二戰期間，當盟軍被日軍趕出馬來半島和新加坡後，他領導游擊隊與日軍作戰而引起矚目。戰後，陳平獲英國授予大英帝國官佐勳章（OBE）。但隨著戰後的鬥爭，馬共被英國政府定義為非法組織，陳平的勳銜遭到褫奪。現代的馬來西亞政府也將馬共定義成恐怖分子。陳平在二〇一三年於泰國病逝，終其一生都未能獲准回到馬來西亞。二〇一九年，陳平的友人將其骨灰帶回馬來西亞家鄉撒入森林與大海，引起政壇一陣討論。

華人的抗日：滇緬公路的南僑機工

台灣人記憶中的「林旺爺爺」是有文獻記載的亞洲象中最長壽的一隻。身為一隻緬甸象，被當地人捕捉、馴服並成為搬運木材的工作象是常見的命運，而工作象在二戰期間經常成為協助運輸軍用物品的軍象。大象林旺的前半生剛好可以讓我們回溯二戰那段滇緬戰役的歲月。

一九三七年，中日戰爭爆發，「淞滬會戰」粉碎了日本「三月亡華」的計畫。為了確保「以時間換取空間」的作戰策略，並且確保物資來源，滇緬公路的開拓成為險中求勝的策略。一九三八年，雲南省主席龍雲向蔣中正提出「修改滇緬公路計畫」，並在獲得後者的贊同後，開始籌建滇緬公路，以近一年的時間就完成初步通車，成為對日作戰期間在中國西南大後方重要的運輸通道。

一九四一年，珍珠港事變後，日軍全面入侵東南亞。當日軍將砲火指向緬甸，滇緬公路的運輸就隨時在日軍轟炸的陰影下，對中國的後方補給線造成極大的威脅。於是中英雙方在重慶簽署《中英共同防禦滇緬路協定》，組建中國遠征軍以支援英軍在滇緬一地的作戰。

日軍一度封鎖中南半島的海岸線，沿滇緬公路北上進攻，企圖阻斷物資從南方運輸到中國。一九四三年，孫立人將軍率領「新一軍」反攻緬甸告捷，擄獲十三隻為日軍運輸物資的大象，林旺就是其中的一員。一九四五年，中國遠征軍奉調返回中國；大象們一步一腳印地沿著滇緬公路前行，過程相當艱辛，最後只有七隻大象抵達雲南，而林旺則輾轉隨著孫立人將軍來到台灣。

滇緬公路見證了二戰期間中國遠征軍遠至國境之外作戰的血淚，但除了遠征軍與大象，南洋的華僑也沒有在這段歷史中缺席。「南洋華僑機工」在滇緬公路上承擔運輸的重責大任，是馬來西亞華人史中被人忽略及遺忘的一段。

如何成為一名機工

在中日八年抗戰期間，大約有三千多名自願從南洋參加「南洋華僑回國機工服務團」的華僑，擔任保障滇緬公路的運輸的工作。戰爭期間，滇緬公路是將物資運送至中國的重要管道，其中約有三分之一的卡車司機是南洋華僑，總計約一千多名華人在此地失了性命。南僑機工在中日抗戰史中雖然不如其他輝煌戰役受到重視，但滇緬公路的修建與戰時物資運輸的重要工作，許多都來自南洋華僑的參與及貢獻，對在一九三七至一九四一年間獨自對日作戰的中國來說，不可不謂是雪中送炭的強心針。

滇緬公路起自雲南昆明，終至緬甸臘戍，全長一千多公里的公路在海拔五百到三千公尺的山區蜿蜒而上，途中還有懸崖峭壁及陡坡急彎，更橫跨怒江與瀾滄江，道路艱險異常。滇緬公路上軍火及物資的運輸仰賴大量的機工，不過即使有許多想報效祖國的海外青年對這份工作感到躍躍欲試，還是要經過短暫的訓練才能踏上這條熱血之路。

這些南僑機工們事先都要到昆明的軍事委員會西南運輸處進行訓練，從早上五點開始一直到傍晚，受訓的內容從駕駛、修理、軍事、機械構造等相當豐富。根據已故的砂拉越華人學者房漢佳先生與多位南僑機工的口述訪談資料顯示：「訓練所有一間塗滿血跡的房間，最能激起華僑復仇的情緒，那是一九三八年的事了，亂機狂炸昆明，一百多個廣西學生，正在受司機訓練，住在訓練所的一個宿舍裡，他們的眼睛多半沒有閉，他們的血濺在牆壁上、濺在木柱上，老洗不掉，華僑機工每一次看到這些殉身的血，他們仇恨的人的心便加強了一分。」[3]

後來這間血房就成為訓練機工們的宿舍。機工們的訓練時間並不長，大概兩三個星期之後就要趕緊出發；前線軍情很需要機工們運輸物資的支援，此後他們就要過著「道路為鄉，車為家」的生活。當時他們駕駛的卡車是美國製造的，也有部分的非裔美軍前來支援；當時的非裔美國軍人不能直接上戰場，但仍可擔任一些後方補給及支援的工作。

機工們搭著數十至數百輛的卡車出發，數百里的車程中途只有簡陋、臨時搭建的宿舍，或是睡在寺廟裡，而為了嚴防物品被偷並照看好軍火，機工即使在半夜也不能熟睡。通常駕駛技術精良且經驗豐富的機工的制服上會有「一等駕駛兵」的標誌，而這些來自東南亞的華人多半正是擔任一等駕駛兵。一九三九至一九四二年間，在緬甸尚未淪陷之前，機工們就輾轉在中、緬、印各國之間，執行許多任務，一直到一九四二年二月日軍完全占領新馬之後，華人才因日軍的治理而難以追尋前人的腳步踏上成為機工之路。

在今天的檳城，於前往升旗山與極樂寺的路上可以看到一座「南僑機工紀念碑」。這座紀念碑由華人自行修建，並於一九五一年十一月十一日落成，地底下埋著的是殉難者的骨灰以及當時有關南僑機工的報紙。這段歷史從來不曾出現在任何一本台灣的歷史教科書裡，但卻有溫度地被馬來西亞華人給保留下來。

僑匯與僑批

華人到海外打拚，雖然落地生根一代傳一代，但是對於「原鄉」以及「根」的想法遠比身處在以華人世界為主的台灣來得更加傳統。華人對儲蓄的重視也讓海外華人保持儲蓄的習慣，認為儲蓄代表著的是一種安全感。對僑居在海外的華人來說，除了儲蓄之外，把錢寄回家鄉也是另一種存老本的管道。

一八六〇年，《中英法北京條約》明訂允許外國商人招聘漢人出洋工作，充作廉價勞工，使得僑居海外的華工人數大增。根據統計，在十九世紀到二十世紀之間，移居海外的華工人數達三百萬人，其中絕大多數都是在《中英法北京條約》簽訂後才出國的。海外華工人數的增加，以及十九世紀末清政府先後在南洋和美洲等地設立領事館保護華僑的利益，使得華僑與其家鄉的聯繫越來越密切，「僑匯」也越來越多；從晚清到民初，僑匯的金額從兩千多萬兩銀子上升至四千多萬兩銀子，成為這段動盪時期中國的重要財政收入來源之一。華僑們在海外胼手胝足，由於生活上的艱辛與遭受現實環境的不平等待遇，海外華僑把希望放在家鄉，藉由僑匯，一則幫助原鄉的親人，表達對家中雙親的孝道與照顧，二則「化悲憤為力量」，期待能夠幫助祖國強盛，以求自己能在僑居地得到更多的尊重。

二〇一二年五月，中國國家檔案局以十六萬份的僑批收藏，向聯合國教科文組織申報將其列入「世界記憶計畫」之下的《世界記憶名錄》。[5] 二〇一三年，在許多人並不知道僑批到底是什麼的狀況下，僑批檔案成功入選《世紀記憶名錄》。閩南人將「信」唸成「批」，因此所謂的「僑批」就是華人透過民間管道寄回國內的家書及匯款的憑證，收到信的人可以憑僑批上的匯兌商號的印章憑證及信件上所寫的金額領取現金，是一種「信款合一」的家書。中日戰爭期間，僑匯是中國外匯收入的重要財源之一。一九三七至一九四三年，海外華僑透過銀行寄回中國的匯款約有五十六億，而這還不包括透過各地民信局和商號匯寄的僑批金額。[6]

在日本占領東南亞期間，僑匯使用的銀行管道一度中斷，使得僑批在這段時期成為抗日

5 世界記憶計畫（Memory of the World Programme）是聯合國教科文組織於一九九二年啟動的關於文獻遺產的保存發展，其認為文獻遺產（documentary heritage）描繪出人類社會的思想、發現及成就之演變，是過去留給目前及未來國際社會的世界文化遺產，希望透過登錄文獻遺產之國際名錄、區功能變數名稱錄及國家名錄等國際行動，喚起國家、政府、社區和個人能更加重視及保護文獻遺產。

物資重要金源。此外，東南亞的華僑也積極購買中國政府所發行的抗戰公債。不管是透過哪種方式，華僑在對日作戰期間對中國的幫助都不可小覷。

三年八個月的日本占領時期時間不長，但還是在潛移默化當中影響了馬來亞的庶民文化。以今日馬來西亞到處都可以吃得到平民美食「福建蝦麵」來說，一碗由蝦頭及蝦殼來熬煮的高湯湯底，其背後蘊藏的就是日本占領時期的歲月。當時，新鮮的魚蝦都要上繳給日本人作為戰略物資，生活困苦的老百姓只能把剩下的蝦頭及蝦殼拿來熬湯，卻意外地打造出另一種美味。這個原來只稱作「福建麵」的料理，因其特色而被改稱為蝦麵，讓人們透過食物，用另一種方式記憶那段日本占領的年代。

6 民信局又稱作「批局」，最早開始於明代。清末，民信局演變為華人郵寄家書與代送僑匯的機構，除了協助代轉匯款，也幫助不識字的人寫信，更將新加坡、檳榔嶼、西貢、馬尼拉、巴達維亞等南洋城市與香港、廈門、廣州等通商口岸串聯起來，形成綿密的網絡。

第六章

從馬來亞到馬來西亞

在談到馬來西亞的時候，多數人常常忘了這個國家的國土不僅僅止於馬來半島，在南中國海另一頭的婆羅洲上的沙巴與砂拉越也同屬馬來西亞。我想我們之所以不熟悉馬來西亞的國土範圍，是因為我們對過去馬來半島上的英屬馬來亞和婆羅洲島上的英屬婆羅洲，聯合組成今日的「馬來西亞聯邦」（Federation of Malaysia）的這段過去感到陌生。

從馬來亞到馬來亞聯合邦

十九世紀，在英國勢力進入馬來半島及婆羅洲之後，馬來半島的政治勢力發展就從原來馬來貴族多個並立的土邦王朝，變成由英國直轄的海峽殖民地（範圍包括檳城、馬六甲與新加坡，一八二六至一九四六年）、英屬馬來聯邦（範圍包括霹靂、雪蘭莪、彭亨與森美蘭，一八九五至一九四六年）及英屬馬來屬邦（範圍包括吉打、吉蘭丹、登嘉樓、柔佛與玻璃市，一九〇九至一九四六年）。海峽殖民地是英國透過《英吉條約》（得到檳城）、《英荷條約》（得到馬六甲）並整合早前已經控管的新加坡，在一八六七年成為以港口為主的直轄殖民地。而馬來聯邦則是由四個接受英國保護的馬來王朝組成，自一八七四年的《邦咯條約》簽訂後逐步成為英國控制的政權，其外交和國防交由英國負責，內政則由參政司統籌但維持各邦自主的形式。至於馬來屬邦，除了柔佛之外的其他四邦因地緣靠近暹羅，過去為暹羅的藩屬國，長期以來因為各種問題而與暹羅保持時而和平時而衝突的關係；英國為了擴大在馬來半島上的控制權，介入馬來土邦與暹羅的紛爭，最終土邦貴族同意接受英國保護，以遠離與暹羅長期的紛擾關係。日後在日本占領馬來半島期間，日本還將玻璃市、吉打、吉蘭丹和登嘉樓等四州交還給暹羅，作為暹羅與日本結盟的報酬。

馬來亞聯盟（一九四四至四六年）到馬來亞聯邦（一九四六至四八年）

二戰期間，英國開始考慮馬來半島上的問題，目標放在必須收回這些被日本占領的地區並且朝自治邁進。一九四三年，英國成立「馬來亞計畫小組」（Malaysian Planning Unit），一方面希望能在馬來半島實踐一九四一年簽下《大西洋憲章》的核心精神，[1]即讓人民有選擇其政府形式的權利，二方面則可以監督戰後馬來亞的重建工作，穩定經濟發展。

一九四四年，英國通過了成立「馬來亞聯盟」（Malayan Union）的計畫，欲將新加坡和馬來亞個別管理，首都則設在吉隆坡。一九四五年九月，英軍重返馬來半島，並成立軍事政府接管，直到一九四六年四月馬來亞聯盟正式成立。

傳統的馬來社會多數人務農，與土地連結深厚，因此社會流動較為緩慢，民族主義思潮帶來的政治覺醒遲至二十世紀初開始發生效應，其中對英殖民政策的反擊算是最明顯的行動。這段期間，反殖反帝思潮蔓延，不少左派分子支持獨立思想，因此他們組織「馬來亞馬來民族主義黨」（Malay Nationalist Party of Malaya）積極主張馬來亞獨立。

在馬來亞聯盟期間，英國人宣布放寬移民政策，華人及印度人都可依據「屬地主義」取得公民權，並且也有機會能夠擔任公務員，從而削弱了馬來人至上的特殊地位。對數百年來長期在這塊土地上享有特權的馬來人來說，這樣的政策轉向令人不滿，因此開始要求保障馬來人特權，導致廢除馬來亞聯盟的聲浪不斷。

其中，出身柔佛州的馬來政治菁英「拿督」翁嘉化爵士（Dato' Sir Onn bin Ja'afar'，一八九五至一九六二年）與安華．阿都馬力（Haji Anwar bin Abdul Malik）、賽．錫．哈地（Haji Syed Alwi bin Syed Sheikh al-Hadi）、和莫哈末．諾亞．奧馬（Mohamad Noah Omar）於一九四六年五月在來自四十多個馬來社團的代表同意下成立「馬來民族統一機構」（United Malays National Organization，簡稱巫統），宗旨就是捍衛馬來人的權利以及反對馬來亞聯盟。這樣的情況促使新任的英國官員與各邦統治者展開會談，同意以「馬來亞聯邦」（Malayan Federation）取代過去的馬來亞聯盟。另一方面，非馬來人的族群在土生華人領袖陳禎祿的帶領下，在新加坡成立「泛馬來亞聯合行動理事會」（Pan-Malayan Council of Joint Action），捍衛成為馬來亞公民的權利。一九四七年，泛馬來亞聯合行動理事會和「人民力量中心」結盟，他們與「馬來亞中華商會聯合會」共同推出《人民憲法》，希望馬來亞境內的人都能享有平等的公民權，並且希望馬來亞聯邦能夠包括新加坡在內。不過《人民憲法》並未獲得英國的支持。

1 《大西洋憲章》在一九四一年八月十四日由美國總統小羅斯福及英國首相邱吉爾簽署，共有八項條款，主要內容包括：一、兩國不自行擴張軍力或領土；二、凡未經有關人民自由意志所同意之領土改變，兩國不願其實現；三、尊重各民族自由，決定其所賴以生存之政府形式之權利；四、力使世界各國不論大小，不論勝利或潰敗，對於貿易及原料之取得，俱享受平等待遇，兩國對各國現有之組織亦當尊重；五、希望促成世界各國在經濟方面之全面合作，以提高勞力標準、經濟進步與社會安全。

馬來亞聯邦（一九四六至四八年）到馬來亞聯合邦（一九四八至六三年）

一九四七年，《馬來亞聯合邦憲法》公布。一九四八年二月，「馬來亞聯合邦」（Federation of Malay）成立，範圍包括了馬來半島的九個土邦以及檳城與馬六甲，而新加坡仍然維持直轄殖民地的地位。在《馬來亞聯合邦協定》中，英國恢復了各邦馬來統治者的權力，並且修改了非馬來人成為公民的條件；除了在檳城、馬六甲及新加坡的英籍非馬來人能夠自動成為馬來亞聯合邦的公民外，其他地方出生的非馬來人必須要通曉馬來語，並且連續在居住地住滿八至十五年，始能申請成為公民。這樣的作法迎合了馬來人的意願，但卻遭到非馬來人及左派分子的反彈。同年，「馬來亞印度國大黨」（Malayan India Congress）成立。眼見巫統及印度國大黨代表整合各自所屬的族群勢力，華人馬來亞聯合邦成立後，儘管馬來人至上的政策思維讓華人公民權受到打壓，卻仍未有整合華人力量的組織出現。對此，華人商會領袖陳禎祿登高一呼，在一九四九年二月成立「馬來西亞華人公會」（Malaysian Chinese Association，簡稱馬華公會），致力於維護聯合邦華人的權益，並於一九五一年成為政黨。

事實上，二戰以來經濟重創的英國十分需要殖民地上龐大的經濟利益，尤其是馬來半島上的橡膠與錫礦，能夠有效振興英國經濟並帶來紓困的效果。因此英國不可能放棄過去在馬來半島與婆羅洲上的利益，而是汲汲營營地透過各種妥協，與當地的馬來人展開拉鋸戰。英國一直想將海峽殖民地、馬來聯邦及馬來屬邦整合成為一個由英王統領的直轄殖民地。但是這樣的想法因為無法解決各族群間的權利平等問題，成為整併過程中最大的障礙。另一方面，馬來人在整併過程中對於維護馬來人特權的意願強烈，但由於擔心他們在二戰期間與日本人的合作關係會使他們遭到英國人的清算、報復，甚至取消其貴族地位及王位繼承權，因而做出讓步，同意成立馬來亞聯合邦。

除此之外，欲求馬來亞獨立的左派人士，也成為這段過程的另一項變數。各地爆發了由馬來亞共產黨主導的罷工示威活動；他們先後在一年多的時間裡發動了數百場的罷工，受到英殖民當局的鎮壓和取締，許多非馬來人的礦主和企業主也在這段過程中遭到暗殺。英殖民政府與馬共這兩者在二戰期間曾經是抗日的戰友，在此時期反目成仇。英殖民政府與馬共的衝突始於一九四八年六月，馬共敢死隊員先後在柔佛州殺死三名國民黨黨員，又於霹靂州和豐（Sungai Siput）槍殺三名英籍的橡膠園經理。今天的和豐仍留有一座紀念碑，記錄了當時發生的情形。

英國當局不得不在一九四八年六月頒布「緊急命令」[2]，並且宣布這個曾經在二戰期間與英國合作抗日的馬來亞共產黨為非法組織。這使得馬共開始走入叢林，成立「馬來亞民族解放軍」（Malayan Races Liberation Army），並且在叢林外圍建立外援網絡，不是脅迫就是透過招募，將這一帶的華人變成人民運動的一員，成為補給及情報來源的提供者。對此，英國委派熟悉叢林作戰的專家畢禮斯准將（Harold Rawdon Briggs）擬定叢林作戰計畫，將偏遠地區的華人集中隔離，阻斷馬共的後援。被隔離的華人被迫搬入政府劃下的「新村」，使新村成為馬華社會中相當特別的一種人文地景。目前在馬來半島上尚有四百多個新村存在。

從馬來亞聯合邦（一九四八至六三年）到馬來西亞聯邦（一九六三年至今）

在馬來西亞的歷史教科書上，馬共被定義為「恐怖分子」，但事實上他們是最早一批開始爭取獨立的人。他們許多人在被日本占領及二戰後英國重返馬來亞的這段歷史洪流中被驅逐，甚至一輩子都拿不到馬來西亞的國籍。這段大時代的傷口與悲歌，在廖克發導演二〇一六年的紀錄片《不即不離》中有深刻的呈現。然而不可否認的是，馬共是促成馬來亞獨立的重要推手。

馬來亞聯合邦獨立

自一九五〇年開始，英國推動地方議會並實施民選，打算透過有限的民主來拉攏民心，作為打擊馬共的一種手段。市議會的選舉帶動了如馬華公會、印度國大黨等政黨的活躍。一九五五年，馬來亞聯合邦舉行第一屆全民大選，由巫統及馬華公會合組的「聯盟」獲得五十二席中的五十一席，得以組織自治政府，並由巫統主席東姑・阿都拉曼（Tunku Abdul Rahman）出任首席部長。雖然此時馬來亞聯合邦的國防、外交、內政均須向英國負責，但

2 緊急命令內容包括：一、宣布左翼政黨和團體為非法組織，禁止活動；二、可以未經審訊扣留任何涉嫌從事共產主義活動者，並將干擾或破壞國家安全者驅逐出境；三、凡是與共產黨串謀、非法擁有武器、恐嚇公眾人士以及援助共產黨者都將被判處死刑。

仍朝獨立的方向前進了一大步。

新成立的馬來亞聯合邦自治政府先是召開「華玲會議」（Baling Talks）呼籲馬共放下武器走出叢林，但是馬共在華玲會議中的提議遭到東姑．阿都拉曼的否決，談判破裂。[3]此後，東姑．阿都拉曼繼續與英國針對完全獨立展開談判，最後終於達成讓馬來亞聯合邦獨立的協議。一九五七年八月三十一日，東姑．阿都拉曼在吉隆坡的默迪卡體育場宣讀《馬來亞獨立宣言》，[4]他也成為馬來亞聯合邦獨立後的第一任首相。

馬來亞聯合邦獨立日到馬來西亞日

除了一些宗教節慶外，全馬十三州均放假的公共假期就數八月三十一日的「馬來西亞獨立日」（Malaysia Independence Day）以及九月十六日的「馬來西亞日」（Malaysia Day）。究竟這兩個節日有什麼差別，各自代表的意義又是什麼？身處台灣的我們可能很難理解，今天我們所知道的馬來西亞，從過去的「馬來亞聯合邦」到「馬來西亞聯邦」的過程中，可是經歷不少風風雨雨才逐漸成形的。

簡單來說，馬來西亞獨立日是紀念馬來亞聯合邦在第一任首相東姑．阿都拉曼及其團隊前往英國談判、爭取獨立而設立的紀念日。與這個紀念日有直接關係的是今天在馬來半島上、在一九四八至六三年同屬於馬來亞聯合邦的十一個州，[5]而同時期的北婆羅洲（沙巴）及砂拉越在當時仍屬於英國的殖民地。直到一九六三年《馬來西亞協定》簽訂之後，現今的「馬來西亞聯邦」才正式成立，並將協定通過的九月十六日這天訂為「馬來西亞日」。因此每當人們在八月三十一日歡樂慶祝馬來西亞國慶的同時，嚴格說起來東馬兩個州的人民似乎覺得這件事與他們的關係並不密切。

英屬北婆羅洲的形成

二戰結束後，砂拉越布洛克王朝的第三代統治者溫納・布洛克（Charles Vyner Brooke）認

3 華玲會議中，馬共總書記陳平提出三點：一、承認馬共是一個合法政黨；二、取消對馬共人員在放下武器後的各種限制；三、取消對馬共人員的身分調查。

4 這就是現在吉隆坡的著名地標：獨立廣場。一九五七年八月三十一日正式升起馬來亞聯合邦的國旗，廣場上的旗杆高九十五公尺，是世界上最高旗杆之一。

5 十一州為柔佛、馬六甲、森美蘭、雪蘭莪、彭亨、霹靂、登嘉樓、吉蘭丹、玻璃市、檳城、吉打。

為要花費龐大資金復原砂拉越不是件容易的事，再加上他大部分的時間都待在英國，並且膝下無子的他不願意王朝落入姪子安東尼・布洛克（Anthony Brooke）的手上，所以決議將砂拉越讓渡給英國。這項決定引起當地的馬來人及原住民領袖的反感；他們擔心外來移民會改變當地的勢力結構與文化傳統，但除了這些領袖之外，當地許多人其實不太明白「讓渡」的意義為何。尤其相較於馬來人及原住民，當地的華人與印度人較關心生計，因此對政治較為冷感。

一九四六年二月，溫納・布洛克與英國殖民部簽署協議，將砂拉越讓渡給英國。直到這一刻還是有許多砂拉越人民反對這項讓渡。與此同時，印尼正與荷蘭進行獨立戰爭，英國如果能控制北婆羅洲及砂拉越，將為遠東區的戰略利益奠定基礎，因此英國駐東南亞總督馬爾科姆・麥克唐納（Malcolm MacDonald）不斷地與當地原住民領袖溝通，期望獲得他們的支持，但仍然無法阻止反讓渡分子在這段時間與印尼合作（詳參後文）。

至於舊時稱作北婆羅洲的沙巴，在西方勢力進入北婆羅洲渣打公司之前，這裡一直是汶萊王國的領土。一六五八年，位於今菲律賓的蘇祿蘇丹王國曾經幫助汶萊蘇丹平定內亂，所以汶萊蘇丹將沙巴北方至東部外海的島嶼割讓給蘇祿王國。一七六一年，英國東印度公司的官員與蘇祿蘇丹簽訂協議，得以在婆羅洲設立貿易站，後來貿易站轉設至納閩島

（Labuan），但因為納閩周邊海域海盜猖獗，蘇祿蘇丹無法長期控制這裡，因此放棄了納閩島的業務。呈現無人政府狀態的納閩島便成為砂拉越白人拉惹詹姆士・布洛克接手的目標，他向汶萊蘇丹建議將納閩島割讓給英國，由英國負責治安。一八四六年，汶萊蘇丹同意將納閩島永久割讓給英國。今天的納閩島是馬來西亞聯邦的三個聯邦直轄行政區之一。

一八六〇至一八八〇年代，先後有美國、奧匈帝國及英國在北婆羅洲設立貿易公司，最後由英國的商人組成北婆羅洲渣打公司，獲得英王保護並給予特許。一八八八年，英國與砂拉越、汶萊和北婆羅洲商討將這三地整合成英國的保護地，國防、外交大權由英國負責，行政權責由北婆羅洲渣打公司負責，並由海峽殖民地的高級專員擔任北婆三邦的總領事。渣打公司在此地制定法律、擴大貿易，並且建造連接亞庇[6]到丹南之間的鐵路，而目前這條存在於婆羅洲的百年鐵道——北婆羅洲鐵路——是沙巴著名的觀光路線。

二戰結束後，北婆羅洲、納閩島及砂拉越在一九四六年七月成為英國直轄殖民地，合稱「英屬北婆羅洲」，而北婆羅洲渣打公司則將公司以一百四十萬英鎊的價格移轉給英國。[1]

6 沙巴州首府，舊稱傑斯頓（Jesselton）。

馬來西亞協定

就在北婆羅洲成功整合為英國的殖民地時，同時期的馬來半島正值馬來亞聯邦時期，反殖反帝的思潮仍然蔓延，身處其中的華人希望新加坡加入聯邦的訴求不斷。但另一方面，新加坡的反殖主義者也同樣希望新加坡能夠獨立，加上馬共的問題，使得英國必須好好考量該怎麼處理這些殖民地。對於英國來說，首要挑戰就是避免馬共勢力的壯大及滲透。但如何判別誰是馬共？在這個問題之上首當其衝的就是華人了。

這些華人從最早的心繫祖國到一九四九年「新中國」的崛起，他們的祖國意識也漸漸左傾，加上蘇維埃第三國際對馬來亞共產黨的扶持，使得一九五〇年代成為馬共茁壯的高峰期。此時，如果新加坡獲得獨立，構成主體為華人的新加坡很有可能就成為下一個赤化的地方。對此，馬來亞的領袖們開始積極地希望將新加坡納入聯邦體系內，以抗衡新加坡內部的左派勢力。一九六一年，東姑·阿都拉曼曾提出一個建立由馬來亞聯合邦、新加坡、沙巴、砂拉越以及汶萊組成的聯邦國家的計畫。

但是如果將新加坡納入聯邦，大量的華人會改變整個馬來亞的人口結構，從過去以來所保持馬來人特殊地位的不自然融合就會破局。為了降低華人在總人口數上的占比，巫統的領袖們開始主張將英屬北婆羅洲的三邦納入聯邦。對他們來說，砂拉越與沙巴的原住民及馬來人都可以被視作同一個族群，是同屬於這片土地的主人。後來的《馬來西亞聯邦憲法》第一六一A章就明確地其稱呼為「Native」；根據憲法定義，Native指的就是「居住於砂拉越州且為規定意義上的該州原住民族的公民或這些民族的混血，以及沙巴州原住民的後代和在沙巴州出生或出生時其父母為沙巴州居民的人」。[7]Native的馬來文「bumiputra」有「土地上的王子」之意，[8]以馬來文原意來看，這個稱呼其實是高貴的。另外，憲法中也明定：

7《馬來西亞聯邦憲法》第一六一A章說明了沙巴州與砂拉越州土著的特殊地位：「第六條第一款、本條所稱「原住民」係指屬於第七條規定在砂拉越州居住民族的該州公民，或屬於該民族的混血兒；第六條第二款、為沙巴州原住民的子女或孫子女，以及在沙巴州出生（不論是否在馬來西亞日前後），或出生時其父母為沙巴州居民的人；第七條、第六條所規定意義上的砂拉越州原住民的民族有：布吉但人、比沙耶人、杜孫人、海達雅人、陸達雅人、加達山人、加拉必人、加央人、肯雅人（包括沙卜人、西平人）、加讓人（包括錫班加人、吉詹曼人、拉漢南人、本南人、丹戎人、加諾威人）、魯古人、利森人、馬來人、美蘭奴人、姆律人、比南人、洗安人、達加人、達班人、烏吉人。」

8 Bumi有土地之意，而putra則有王子之意。最早創建這個名詞的人是馬來西亞第一任首相東姑·阿都拉曼。詳參蔡靜芬，《「舊」娘？「新」娘？：馬來西亞砂拉越客家社群的婚姻儀式及女性》，（桃園：國立中央大學，二〇一三年），頁四。

「若父母其中一人為穆斯林馬來人、原住民（Orang Asli），或是任何一位沙巴和砂拉越的原住民，則子女可被認定為bumiputra（土著）。」

最後在首相東姑・阿都拉曼、副首相敦拉薩（Abdul Razak Hussein）、新加坡自治邦總理李光耀以及汶萊蘇丹一起前往倫敦，討論「馬來西亞聯邦」成立的最後結論。汶萊蘇丹因為不滿意石油稅收入的分配，最後決定不加入大馬聯邦。一九六三年七月九日，馬來亞聯合邦、新加坡、沙巴及砂拉越正式簽署《馬來西亞協定》，[9]並且因應調查人民是否同意加入聯邦的民調工作，而將馬來西亞聯邦的成立日訂在民調工作結束後的兩天，也就是九月十六日，即日後的馬來西亞日。

在馬來西亞聯邦成立的過程中，因為領土問題而不樂見其成的印尼與菲律賓皆不承認馬來西亞聯邦，隔日大馬聯邦也宣布與兩國斷交。印尼與馬來西亞的問題開始走入武裝化的叢林鬥爭，最著名的莫過於一九六三至一九六六年間的「印馬對抗」。但在深入討論印馬的衝突之前，我們需先瞭解前文便已不斷提及的「馬共」。

砂拉越獨立日又是什麼？

二〇一六年的四月份，正值東馬砂拉越州的首長選舉。最後名單出爐，首席部長由「丹斯里」阿迪南·沙登（Adenan Satem）當選。原先頗受關注與期待的副首長並不是由華人出任，但內閣名單中有兩位華人部長：一位是擔任財政部第二部長的「拿督斯里」黃順舸，以及地方政府部長「拿督」沈桂賢。

當時代表馬來西亞最大黨的「國民陣線」（簡稱國陣）在參選期間曾經建議將七月二十二日訂為公共假期，因為在一九六三年七月二十二日這天，砂拉越正式脫離英國統治，並在隨後的第五十六天加入馬來西亞聯邦，結束了短暫的獨立。七月二十二日是否真的能成為砂拉越州的獨立紀念日，目前正在馬來西亞掀起許多討論。

9 《馬來西亞協定》又稱《大不列顛及北愛爾蘭聯合王國與馬來亞聯合邦、北婆羅洲、砂拉越和新加坡之間關於馬來西亞的協定》。

叢林裡的鬥爭：馬共

為了爭取獨立，馬來亞共產黨在森林裡打了數十年的游擊戰。他們的小孩在戰時出生時，會被放在剖開的菠蘿蜜中送出叢林，讓寶寶能有機會開啟他的新生。這是二〇二〇年，馬來西亞華人導演廖克發第一部劇情片《菠蘿蜜》的文案。廖克發的爺爺曾經是馬共，因此在疏離的祖孫三代關係中，他企圖透過電影來重新整理自己與原生家庭的關係，也讓更多年輕一代的馬來西亞華人重新檢視自己國家的這段歷史。這是為了補足歷史教科書對馬來亞共產黨的敘述不足，尤其許多當年的參與者仍舊有血有淚地生活在這個世上。

馬來亞共產黨是中國共產黨的海外支部，名為「中國共產黨南洋臨時委員會」，在一九三〇年於當時第三國際代表胡志明的監督下正式成立。抗日期間，以華人為主的馬來亞人民抗日同盟和馬來亞人民抗日軍就是由馬來亞共產黨所領導，更是抗日主力，與英國同為抗日的一方。一九四五年，二戰結束後，英國重返馬來亞，推動《馬來亞聯合邦憲法》，由於內容不利華人，因此引起許多華人的不滿，其中又以當初在抗日期間與英國人合作的「馬共」最為激烈。此時期的馬共開始反殖反帝的抗爭，在馬來亞境內帶動多次的罷工與社會運動。在衝突越演越烈的情況下，英殖民政府在一九四八年六月宣布馬來亞進入緊急狀態，從而開啟了大英國協部隊與馬共總書記陳平領導的馬來亞人民解放軍之間長達十二年的游擊戰。

一九五五年，馬來亞聯合邦政府宣布赦免共產黨員。[10] 陳平意識到繼續武裝鬥爭可能徒勞無功；許多有志反殖反帝、追求馬來亞獨立理念的馬共人士被英國政府有目的地塑造成「恐怖分子」，而被特赦的共產黨員也有一部分被送回中國，至此再未踏上馬來亞故土。因此陳平開始尋求談判。一九五五年十二月，馬共和馬來亞聯合邦政府在吉打州的華玲官立英文學校進行著名的華玲會議。馬共想與聯合邦政府議和，結束雙方之間的衝突，並且希望馬來亞聯合邦政府承認馬共為合法的政治組織，抑或是放下武器後的共產黨員可以自由參加任

10 首席部長東姑．阿都拉曼在大赦令中開出了條件，不過表明不會與人民解放軍談判。下為大赦令款項：一、自願投降的人，此前在共產黨指導下犯下的罪行不會受到檢控；二、投降對象可以是普通民眾在內的任何人；三、安全部隊不會全面停火，不過會協助有意投降的人，因此，安全部隊可以安排局部停火；四、政府會對投降的人展開調查。政府會協助表現忠誠的人在社會重新取得正常地位，並且令他們可以與家人團聚。投降的人的自由會受到限制，假若他們提出前往中國請求，政府會給予慎重的考慮。（資料來源：維基百科）

何現有政黨。但可惜談判破裂，聯合邦政府代表東姑．阿都拉曼要求馬共接受投降，明白表示雙方不能共處相容。

一九五七年，馬來亞聯合邦獨立，使得馬共反殖反帝的鬥爭來到了盡頭。一九六〇年，馬來亞聯合邦當局認為馬共已經受到控制，宣布解除緊急狀態，馬共則漸漸退守於馬泰、馬印邊境。一九七四年中，馬共公開分裂，直到一九八三年，「馬列派」和「革命派」合併後成立馬來西亞共產黨。一九八七年，馬共與馬來西亞共產黨先後走出森林，繳械投降。經過多年談判，一九八九年馬來亞共產黨、泰國政府與馬來西亞政府在泰國的合艾（Hat Yai）簽署《合艾和平協定》，至此馬共卸載武裝投降，馬泰兩國政府同意讓馬共成員選擇在泰國或是馬來西亞定居，正式為長達四十一年的馬共武裝鬥爭劃下句點。但陳平仍被馬來西亞政府視為叛亂分子。他在二〇一三年去世，終其一生都未曾回到馬來西亞的家鄉。

合艾，這個過去承載馬共浴血記憶的地點，後來由泰國政府遵守承諾，撥地撥款，在勿洞（Betong）設立了友誼村。第一友誼村「地道」和第二友誼村「萬花園」現是勿洞旅遊景點，每年來到此地的星馬遊客約十五至十六萬人次。

實際上，馬共的歷史定位在大馬華社一直都是受到關注的議題，但官方教科書以「恐怖分子」來定義從一九三〇年到一九八九年這數十年間試圖想透過武裝的手段對抗入侵者的馬共。然而這批最希望馬來亞能早日脫離殖民、走向獨立，使居住在這片土地上的人都能堂堂堂正正地成為一位馬來亞人（或馬來西亞人），他們大部分人卻終身難以回到故土，不是客死異鄉，就是要背負負面的歷史定位繼續生活著。相較於現在一出生就是馬來西亞公民的馬來西亞華人，也許他們困惑在血緣是華人，文化上仍帶有中華傳統的情懷，國籍卻是馬來西亞的身分認同問題，但學界及知識青年也不斷地透過書寫、舉辦論壇來討論這些定位上的掙扎。二〇一六年，紀錄片導演廖克發便以自身家庭的經驗，透過父子關係的疏離與重建，將這段馬共與華人定位的矛盾搬上大銀幕，一句「阿公！你是不是恐怖分子」搭配馬來西亞國歌的旋律，[11]讓《不即不離》這部電影不僅動人，導演的心思也值得細細推敲。

至於東馬的左傾運動則是有另一番歷程。一九五〇年代，隨著萬隆會議在印尼召開，中共企圖整合美蘇兩大陣營以外的「第三世界」力量，積極向國際輸出共產革命。當時的中共

11　馬來西亞國歌的原曲最初來自法國的作曲家，後來開始在歐洲各國傳唱，最後成為印尼民謠，現在甚至有夏威夷曲風以及粵語等不同語言的版本。

總理周恩來提出「和平共處五原則」為中共與亞非國家的建交工作奠定基礎。中共積極訓練並援助亞、非、拉丁美州各國的共產黨勢力，擴大武裝鬥爭；隨著中共政情的發展，這股風潮也影響了馬來亞的華人社會。當時華人社會分成兩派：一是支持蔣家的國民黨政權；二是嚮往毛澤東思想的共產黨。「北歸」成為當時流行的風潮，成員一開始多為年輕的知識分子之後到各種職業的社會人士，積極響應社會主義建設新中國的左傾思想。

為抵制這樣的情況越演越烈，英國政府開始查禁相關的印刷品，防止共產思想繼續深耕，並採取鎮壓異議分子逮捕左傾人士。一九五二年的八月，古晉發生第一宗共黨動亂事件：自稱是「印尼人民解放軍」的成員持械搶劫民宅後逃逸，過程中槍殺追緝的員警。英殖民政府認定這是共產黨鬥爭行動的開端，於是下令古晉省進入緊急狀態。一九五三年，一批左傾青年在古晉組織「砂拉越解放同盟」（砂盟），極力爭取砂拉越獨立自治。在馬來亞政府於一九六一年提出馬來西亞聯邦計畫之後，「砂盟」與政治立場中間偏左的「砂拉越人民聯合黨」成為主要反對團體。他們組織萬人集會並遞交反對意見書，但均不被英國政府重視。

左傾的革命分子利用學運、工運，甚至走進森林進行武裝鬥爭，來爭取砂拉越的獨立。

一九七一年，「北加里曼丹共產黨」（簡稱北加共）正式成立，取代了過去的「砂拉越解放同盟」、「馬列主義學習小組」、「砂拉越人民游擊隊」等力量，整合了北婆三邦（砂拉越、汶萊及北婆羅洲〔今沙巴〕）的左傾勢力。這一系列的地下運動持續了近四十年。直到一九九〇年北加共與砂拉越政府簽署《斯里阿曼和平協議》，砂拉越的共產勢力才相繼放棄武裝鬥爭，繳械走出叢林，重新返回社會。

左傾的印尼與馬來西亞的邊境對抗

一九六三至一九六五年間，正值印尼蘇卡諾政權加劇對抗馬來西亞聯邦計畫，他在背後支持砂拉越與汶萊的左傾分子成立「北加里曼丹國民軍」，並且發動武裝反抗「大馬計劃」，但被英國軍隊鎮壓。另一方面，由於印尼當時正處於與中共結盟的趨勢，所以中共揚言支持印尼粉碎「馬來西亞」，吸引了不少來自砂拉越且反對馬來西亞的左傾分子來到印尼，並接受軍事訓練。一九六三年，印尼開啟了侵襲砂拉越的序幕，展開三年的「印馬對抗」。

印馬對抗的範圍並不僅限於砂拉越與加里曼丹邊境。一九六三年四月，印尼游擊隊入侵砂拉越州的打必祿（Tebedu），但被馬來軍團還有尼泊爾雇傭軍擊退。同年十二月，印尼游擊隊突襲沙巴州的斗湖（Tawau）。一九六四年，印尼游擊隊開始入侵西馬，在柔佛沿海地區開始挑釁，印尼傘兵在柔佛和馬六甲交界處進攻。一九六四年九月三日，馬來西亞宣布新加坡進入緊急狀態。

一九六五年，印尼發生軍事政變「九三〇事件」。時任左傾的總統蘇卡諾的親信將領逮捕了六名右派的將領，遭當時的右派軍隊將領蘇哈托指責印尼共產黨暗殺政敵，隨即組織右派軍隊勢力，在全國發動反共的大掃蕩。一九六七年，蘇卡諾被迫辭職，隨著蘇哈托政權上台以後，印尼的態度從原來的「粉碎大馬計畫」到後來化敵為友，此逆轉對馬共極為不利，只能繼續擴大鬥爭。此外，在印尼政局風雲變色後，印尼共產黨分子部分流竄到加里曼丹的森林裡；這一支鬥爭隊伍在當時是有名的「火燄山部隊」，後來部隊與砂共游擊隊整合成為「北加里曼丹人民游擊隊」，對於當時的砂華社會造成不少的震盪與陰霾。當時的砂州政府部署了巨網行動展開封鎖與圍剿，砂拉越的華人新村則成為當時的產物。

華人新村

一九五一年十月，英國殖民政府高級專員亨利・葛尼（Henry Gurney）在前往彭亨州福隆港（Fraser's Hill）的途中被馬共暗殺；他是遭馬共射殺的人士中層級最高的英國官員，導致繼任葛尼之位的傑拉德・鄧普勒（Gerald Walter Robert Templer）加強剿共力度。英國畢禮斯准將被任命為馬來亞反共戰爭行動負責人；他制定作戰計畫，旨在打敗在農村地區游擊的馬來共產黨員，並透過將這些地區的華人隔離在「新村」中，以阻止馬共游擊隊從農民得到物資、資訊和新兵。這項大規模的馬來亞農民強制安置計劃稱之為「畢禮斯計畫」（Briggs Plan）。這項計畫遷移了近五十萬人（大多數為華人）建立「新村」，這個人數是當時人口的百分之十，可謂是一次重大的人口遷徙。

這次的遷徙造成馬來西亞華人社會發展的大洗牌。譬如座落在福隆港山腳下的都賴新村（Tras），是距離葛尼遇害現場最近的新村。一九五一年十一月七日，葛尼中伏身亡後一個月，都賴新村及鎮上的全體居民不分男女老幼，全部被移送到怡保獅尾（Kampung Simee）的扣留營監禁。整個都賴地區因此被封鎖，使這個原已頗具規模的老鎮，頓時成為「死鎮」。

英國政府開始限制務農的華人們只能在上午六點至傍晚七點到耕地或森林裡工作。在這樣的背景下，全馬陸陸續續建立了四百多座新村，村民大多數為華人；霹靂州是新村最密集的地方，一共有一百三十四座，柔佛州則排名第二，有八十四座。彭亨州、雪蘭莪州及森美蘭州都有五十座上下的新村數量。目前在西馬仍有四百五十多座華人新村存在。

過去華人在馬來半島及婆羅洲上分布廣泛，但畢禮斯計畫將全國各地的農村華人聚集在一起，並將他們集中在新村。他們經常遭受政府以無來由的各種名目懲罰，目的是淘汰共產黨的支持者。英國殖民政府將有馬共出沒的地方劃為黑區，而白區則是已經成功將馬共驅離的區域。這些新村一座接一座地由黑轉白，每座新村都有自己的一段歷程與記憶。

而位在東馬的砂拉越州因為在一九六三年以後才加入馬來西亞聯邦，所以這裡只有三座新村，且是在一九六五年以後北加里曼丹人民游擊隊被政府的巨網行動圍剿而形成的，地點集中在首府古晉到西連的這段路上。砂拉越的華人新村從一九六五年開始出現，一直到一九七四年才結束這段歷時九年、備受控制的生活。現在雖然已經看不到過去的鐵網與圍籬，新村已經成為一排排的店屋與排屋，甚至是由獨立房屋組成的社區，但提及過去這段歷史，當地華人回憶起來還是一句句的「不容易啊！」。言語之間多是對當時三不五時宵禁與限制人民出入自由的集中營式的生活有著深刻的記憶。

不管是西馬或是東馬的新村，都是政府掃蕩共產黨勢力而形成的時代樣貌；新村的周圍都有帶刺的鐵絲網圍成的籬笆，到了夜晚會通上高壓電，村內有瞭望台，並由二十一至五十歲之間的男性居民輪流守衛當值。新村大門口的閘門每天都有人員在清查來往人數。新村裡的物資有限，沒有人可以把糧食攜帶出去，房屋也都是用臨時的材料（亞答葉片、木板等）搭建，因為成立新村的時間很急迫，幾乎都是雷厲風行地驅趕偏遠地區的華人進入新村接受管制，所以這些華人也沒有足夠的時間帶齊家當來到新村開展新生活。

一九六〇年，緊急狀態解除，但大部分的新村華人並沒有選擇回到原來的居住地。若要探究原因，主要是因為在這十數年的時間，新村已然建立完善的社區，警察局、學校、診所、廟宇、民眾會堂等一應俱全，加上政府的土地分配，華人可以擁有新村的土地，所以許多華人也就留在新村繼續生活。馬來西亞華人新村人口最高峰的時期，大約超過一百五十萬人，以大約七百萬左右華人數量來看，相當於每四名華人就有一名住在新村。正因如此，新村反而成為保存華人飲食老味道的一個集中地，不少「巷仔內」的美食隱身在這些華人新村裡面。

現在的砂拉越新村

砂拉越的客家社會從一七五〇年的西婆羅洲客家人的金礦公司算起，也有近三百年的歷史。這條金礦之路曾經為客家人帶來極盛的蘭芳共和國，也曾引發慘烈的石隆門華工事件。客家族群在砂拉越州與印尼加里曼丹邊境寫下了許多不為人熟知的鮮明歲月；從一九六三年的印馬對抗到一九六五年的九三〇事件，客家人在砂印邊境被圈入新村是一九六〇年這個動盪年代的歷史記憶。據砂拉越當地的文史工作者房漢佳在〈砂拉越客家社會的歷史與現狀〉一文中所述：

> 一九六五年六月二十七日晚上，武裝分子在古晉西連路十八英里的地方攻擊警署……政府認為這是裡應外合的攻擊行動，即於七月六日展開鐵鎚行動，在當地實施全日戒嚴，將十五至二十四英里的客家鄉村居民限制居住於十七英里的大富村中。[2]

如果熟知當地文化的人就會知道，他們描述地點都會以幾哩幾哩為單位，如果是剛去的人一定很難明白幾哩代表著什麼，當然也沒辦法判定距離目的地還有多遠——這個就算是到東馬古晉的第一份功課吧！以古晉市中心來說，在過去只要超過四哩半以後大概就屬於市郊，往上走就是過去的叢林，也是比達友族（Bidayuh）土著的生活地。在這樣的叢林裡也有華人移民的據點，在十哩、十三哩這些地方都能夠看到一排排的店屋。到了十七哩開始又是另一個熱鬧的景貌，一直綿延至二十二哩，群聚了大量來自中國河婆、惠州一帶的客家人；過去這裡就是砂拉越州唯三的華人新村：新生村（Siburan）、來拓村（Beratok）與大富村（Tapah）的所在地。再繼續往上走就會到二十八哩，這裡又會出現幾排店屋與學校，然後到三十五哩之後就會遇見客家人群聚的山中小鎮，也就是過去從古晉省到斯里阿曼省的成邦江中途，必定會停下來歇息的重要轉運點：西連省。

由於砂拉越州地廣人稀，但華人人口眾多，對被排出在國家教育體系之外，又缺乏學生來源的華文獨立中學來說，十七至二十二哩的新村是華校招生的重點地區。這裡的華人大多都念過華文小學，畢業後是否選擇政府中學或是華文獨立中學就讀，大大地影響著招生人數。以我曾擔任校長的西連民眾中學來說，每年下半年的招生活動一定會到十七至二十二哩的華人新村舉辦說明會；到了五月的感恩月，學校也都會請在校生寫卡片或是手作小禮物，獻給過去在小學教導過他們的老師，藉此拉近這一帶的華文小學師生與西連民眾中學的感情。有關馬來西亞的教育體制將會在第八章有詳細敘述。

而這裡因為是客家人居多的地方，最有名的美食是三角形菜粄，白色帶有Q度的米製皮配上各家自成一格的內餡，冷熱都很好吃。記得以前在學校開會時，富有人情味的校董們，都會帶上幾盤三角形菜粄當作會議點心。這些點滴與味道成為我對於砂拉越華人新村最鮮活的記憶。

事實上，砂拉越這三座華人新村與華文教育的合作模式在馬來西亞各州都有雷同的複製。新村的形成是被迫的，但華校卻是自主形成的。一座新村一定伴隨著華文小學，而多個新村的鄰近地區，則伴隨華文獨立中學。譬如在吉隆坡外圍的衛星城市加影（Kajang），有加影新村及錫米山新村，而這裡更是如同華文獨立中學教育部的「馬來西亞華校董事聯合會總會」的所在地，由他們成立的第一所華文高等教育學校「新紀元學院」也在這裡。從華文小學到新紀元學院，完整的華教體系巧妙地座落在馬來西亞四百多座華人新村的鄰近地區。也許新村這個歷史產物在某些部分已然沒落，但它仍是傳承華人傳統文化的中堅力量。

關鍵的一九六五：新加坡獨立

二戰結束後，昭南島又重新變回英國皇家海峽殖民地，但在日本占領期間，此地已然培養出一批反殖反帝思想的百姓，他們不再把希望建立在英國人身上。另一方面，戰後灰頭土臉的英國試圖要重整馬來亞的勢力，因此在一九六一年提出馬來西亞聯邦計畫。計畫提出之後，新加坡針對是否加入一事進行全民投票，同意的人數達七成之多。一九六〇年代的新加坡已經於一九五九年獲得英國給予的自治邦地位，除外交與國防事務之外，新加坡人皆可自主。同一年新加坡進行大選，人民行動黨的李光耀成為自治邦的第一任總理。

在馬來半島上，對於新馬是否要合併，出現了兩種聲音：一是以李光耀、馬來亞聯合邦總理東姑・阿都拉曼、英殖民政府為代表的支持合併派；另一個則是以社會主義陣線[12]領袖林清祥及傅樹介為主的反合併聲浪。一九六一年五月二十七日，馬來亞聯合邦總理東姑・阿都拉曼向新加坡巫統黨員說道：「新加坡雖然自治，仍然在英國人控制之下，汶萊、砂勞越

12 社會民主陣線是一九六一年由新加坡人民行動黨分裂出的左翼政黨。

及北婆羅洲也仍然在英國人手中，所以，要說服聯合邦如何與它們進一步合作是很難的。聯合邦政府正在考慮這個問題。」換言之，東姑．阿都拉曼已贊成馬新合併一事，但前提是新加坡必須同時與北婆羅洲（沙巴）、汶萊和砂拉越聯合組成馬來西亞聯邦。[3]在這樣的背景下，李光耀認為與馬來亞合併是不可避免的一條路，因此在一九六一年與東姑政府達成白皮書協議：[13]新馬合併後，新加坡仍可保有自由港的地位，新加坡公民自動成為馬來西亞聯邦國民但並非公民。不過在反對派眼裡看來，新加坡人在這樣的條件下仍會落入二等公民的困境。因此社會主義陣線的領袖林清祥要求舉行公投，以徵求民意，並在與人民行動黨協商之後，於一九六二年九月一日進行投票。當時的選票上有A、B、C三項選擇：

A、我支持合併，新加坡應根據一九六一年所發表的議院文件第三十三號白皮書所載列的建議，獲得勞工、教育及其他議定事項的自主權，同時新加坡公民將自動成為馬來西亞公民。

B、我支持全部及無條件的合併，新加坡應以一州的地位，根據馬來亞聯合邦的憲法，與其他十一州在平等的基礎上進行合併。

C、我支持新加坡加入馬來西亞，條件應不遜於婆羅洲地區所獲得者。[4]

雖然公投最後結果顯示選擇支持合併的票數有七成之高，但可以發現選項中根本沒有反對合併的選項，使得此次公投就只是一次針對「要如何合併」的投票，而不是「要不要」合併的投票。

在新馬正式合併之後，兩地對於政治、經濟、民族等問題上產生歧見。一九六三年九月，新加坡進行立法議會的選舉。巫統領導層及新加坡的馬來人勢力意圖擴大各自在這場選舉的影響，使得李光耀開始想拓展人民行動黨的力量，結果人民行動黨在此次選舉中大勝，引發後續一連串的種族衝突事件。而李光耀在公開演說上反對馬來人至上，提倡一個「馬來

13 白皮書內容如下：一、合併後，新加坡在聯邦下議院獲得十五席，在上議院獲得兩席；二、六十二萬四千名新加坡公民將保留在新加坡享有的州公民權。合併後新加坡公民將自動成為馬來西亞國民，獲得與大聯邦其他國民相同的護照。他們將享有平等的權利，同樣受到保護，盡同樣的義務；三、新加坡公民與馬來亞聯合邦公民將來都只能在各自的邦內享有選舉權與投票權。換言之，新加坡州公民只能在新加坡參與競選與投票，馬來亞聯合邦公民只能在馬來亞半島參與競選和投票；四、新加坡自由港的地位不變；五、新加坡政府的指揮與控制權將維持現狀，由總理和根據他的建議委任的部長組成的內閣執行。新加坡現有的立法議院將成為州議院繼續運作，但無權制定有關防務、外交、安全和其他聯邦事務的法律；六、新加坡在教育和勞工政策方面將享有自主權，同時獲得比聯邦其他州更大的保留權力；七、新加坡將保留大部分的州稅收，四分之一的稅收上繳中央政府；八、成為新加坡公民的馬來人的特殊地位將受到保障。

西亞人的馬來西亞」，而不是一個「馬來人的馬來西亞」的言論，再次撕開新馬兩地的族群裂痕。[14]

李光耀出生於典型的海峽殖民地華人家族，父祖輩都接受英文教育，他的成長背景就是我們所說的「土生華人」，平日交談以英語為主，夾雜馬來語與方言。在日本占領新加坡期間，土生華人並非是最受日本壓迫的族群。由於他們過去的社會階層和白人較接近，土生華人逐漸意識到他們的社會地位可以和西方殖民者匹敵，加上日本強調所謂的「脫亞入歐」論，[15]影響了僑領對於祖國意識的認同。當日軍以迅雷不及掩耳的速度進占東南亞，英軍白人的撤退辜負了過去土生華人對他們的期待，使土生華人進一步理解到原來亞洲人也可以與西方人一樣，西方人並非是天生優越且不可撼動的。

究竟要當所謂的「華僑」還是實際的「新加坡人」？這個疑問開始在李光耀的腦海出現。如果要成為一個新加坡人，那麼首要的任務就是擺脫英國殖民的枷鎖。在和英國人對抗、爭取獨立時，李光耀及其團隊發現，關注就業、住宅和良好的學校教育是抵抗共產主義的吸引力的關鍵。[5]改革教育制度是取得自治地位後的新加坡政府的優先政策；雖然華人和印度人都有各自的語言和文字，並且將英文、華文、馬來文及印度文列為官方語言，但二戰後印度人開始對政治感興趣，[6]他們更加喜歡在專業場合使用英語，加上土生華人通常也都能說流利英語，使英語受到歡迎及使用的程度明顯高於其他語言。

另一方面，一九五〇年代在新加坡企業家陳六使熱心推動辦學之下，全世界海外華界第一所以華文授課的大學「南洋大學」正式於一九五六年開始招生入學。但這段時期恰逢反共為主流的政治氛圍，華文被認為是中國共產黨對外傳播其思想的媒介，一九五九年在第二任新加坡首席部長林有福政府的宣布下，南洋大學的學歷不受承認，影響了日後人民行動黨的分裂。一九六一年，林清祥等人另外成立左傾的社會主義陣線；但在一九六三年爆發的

---

14 李光耀的演說內容大致如下：「馬來人僅僅在七百年前，才大規模移居到馬來西亞，他們的祖先都是印尼人。在馬來西亞百分之三十九的馬來人裡，有三分之一是較新的移民，就好像賽查花阿峇（Syed Jaafar Albar），他在戰前從印尼來到馬來亞，當時他已年過三十了。因此如果某一個種族認為，他們較有資格自稱為馬來西亞人，而其他人成為馬來西亞人全是靠他們的恩賜，這是錯誤與不合邏輯的……馬來西亞屬於誰？是馬來西亞人。誰是馬來西亞人？我希望我是，議長先生。但有時當我坐在議事廳裡，我質疑自己究竟是否被容許成為一個馬來西亞人。這個疑慮懸在很多人的心中……（一旦）這些情緒轉化成行動，人與人沿著這些未說出口的路線彼此鬥爭，所導致的戰爭會從上到下分裂這個國家，並使馬來西亞瓦解。」

15 脱亞入歐論最早出現於一八八五年日本的《時事新報》，目前普遍認為出自幕末蘭學啟蒙者福澤諭吉之手。

大規模警方誘捕行動「冷藏行動」（Operation Coldstore）中，英國人培訓的秘密員警「特支部」滲透進林清祥的陣營，認定裡面有共黨人士，更依《內部安全法》（Internal Security Act）闖入南洋大學校園逮捕多名學生。林清祥也在此行動中遭到長期關押，政治生命自此終結。[7]這個「冷藏行動」引發多次的社會衝突，也讓南洋大學進行大規模的改革，致使學生人數減少。一九七〇年代以後，新加坡政府推行英文為第一教學用語，華文教育在新加坡難以再回到過去的榮景。一九八一年，南洋大學走入歷史，與新加坡大學合併成為今日的新加坡國立大學。

二〇一三年，新加坡導演陳彬彬以流亡為主軸的紀錄片《星國戀》（*To Singapore, with Love*）被新加坡政府禁止上映，但在新馬一帶卻更加造成討論的聲浪。反觀身處台灣的我們不需要挑戰新加坡政府當局的禁令，可以在台灣觀看這部電影，也可以透過電影紀錄的多位因為「冷藏行動」及其他政治因素而流亡之人的生命歷程，看見一九六〇年代新加坡的政治氛圍。

雖然華文教育在一九五〇至一九六〇年代經歷風風雨雨，但不可否認的是，李光耀本人也是在這段時間開始學習中文，並且將他三個小孩送進華校念書，為日後新加坡的獨立鋪路。

一九六五年八月九日晚上，李光耀流著淚向新加坡人民宣布，新加坡將從即日起成為一個主權國家。他說：「對我而言，這是極度痛苦的一刻，因為我一輩子都深信這兩個地區應該合併與統一。」[8]這場著名的「鱷魚的眼淚」[16]其實是一場完美的演出。加入馬來西亞聯邦後的新加坡，因為選舉、華人人口及各種政策問題，成為新馬之間的問題製造者，使得馬來西亞首相東姑．阿都拉曼不得不將新加坡逐出聯邦，換取馬來人在馬來西亞的絕對優勢地位。這樣一來，新加坡被營造出被迫離開大馬聯邦的弱勢面相，完成了最初在李光耀腦海中新加坡獨立的藍圖，可以真正地當一個新加坡人。至於新加坡究竟為什麼被踢出馬來西亞聯邦，李光耀的眼淚是不是真的，他想當大馬聯邦的首相還是捍衛新加坡人的新加坡總理，這些在日後都是令人津津樂道的議題。可以知道的是，對於經歷過「建國」年代的新加坡人，他們真正走過那個風雨飄搖的年代，那一輩的人寧願不談論爭取更多自由的權利，一起認真拚經濟，讓沒有天然資源水源又被掐在馬來西亞手上的新加坡，異軍突起成為東南亞的亮點。

16 西方諺語，指假意的眼淚。一九六五年，馬來西亞國會同意將新加坡驅逐出聯邦。李光耀在記者會上流下淚水。

二〇一五年，為了慶祝新加坡建國五十週年，新加坡導演梁智強的電影《我們的故事》（*Long Long Time Ago*）就從這動盪的一九六〇年代開始演起。在電影中，有一段劇情講述在獨立後的新加坡，居住在當地、不分種族的居民可以選擇登記成為新加坡國民；劇中的華人大哥雖然滿嘴抱怨被踢出來的新加坡不會有什麼前途，他也不願意相信李光耀能將新加坡帶領到更好的未來，但是因為這裡華人人口多，所以他還是選擇留在新加坡而不去馬來西亞。此外，劇中有對馬來人夫婦也是因為生在這裡、長在這裡，所以即使知道一橋之隔的馬來西亞擁有豐富資源而且馬來人有地位優勢，仍選擇留下來當個新加坡人。透過電影的呈現，我們得以窺探出在一九六〇年代的新加坡人心中，也許存在著要當一個踏踏實實的新加坡人這樣的願景。

五一三事件與新經濟政策

「如果你遇見一封信，來自一九六九年的馬來西亞，你會在每一封信上面發現一個用四種語言寫著的警告：不要散播謠言。是什麼從一九六九年開始成為了謠言，每一封信都需要被警告？從小我們被教導要對一個詞感到恐懼：種族。」這段文字是馬來西亞導演廖克發在二〇一九年的電影《還有一些樹》的開頭旁白，而這部電影也是他繼探討馬共與馬來西亞華人認同問題之後，又一個探討存在於馬國社會的一個敏感話題「五一三事件」的紀錄片作品。

如果說每一個國家都曾經發生過撕裂該國民族情感的衝突，那麼馬來西亞的當數發生於一九六九年的五一三事件了。無獨有偶的是，一九八八年印尼也發生大規模的「五一三暴動」，而越南在二〇一四也發生排華的「五一三事件」。這些事件都被歸類為種族衝突，「排華」這個字眼是大多數台灣人對這些曾經發生過種族衝突的東南亞國家較為熟悉的關鍵字。對於多數不熟悉東南亞歷史的台灣人而言，對東南亞的印象大多來自新聞，而這些大型的衝突事件是台灣人想像當地華人社會處境之時會留有較深印象的名詞。這些東南亞鄰居曾經經歷過「排華」，進而重新建構社會發展的結構，譬如馬來西亞在五一三事件後，事隔兩年就發起「新經濟政策」進行社會改造。這樣的發展似乎與台灣人在一九四七年的二二八事件與緊接著而來的各項土地改革政策有著類同之處。只是前者的關鍵詞是「種族」，後者是

「省籍情結」，兩者皆在日後成為一言難盡的話題，直到後期的解密，我們才得以窺見真相並且試圖還原真相。

一九五七年，獨立後的馬來亞聯合邦在東姑・阿都拉曼的領導下，族群權益成為這個時期的政治焦點。華人社群繼續推動其在獨立前爭取華文列為官方語文和保留華文教育的抗爭，馬來社會則要求加強伊斯蘭教在國家的地位。在這段期間，馬來西亞政黨活動非常活躍，具社會主義色彩的政黨紛紛成立，譬如由印度人在怡保成立的人民進步黨（myPPP）、脫胎於新加坡人民行動黨的民主行動黨（DAP），以及以馬來人為主的馬來亞社會主義陣線（GS）。一九六九年五月進行的大選中，各政黨多以種族課題作為競選宣傳的重點。這次選戰中，民主行動黨、民政運動黨（Gerakan）及人民進步黨組成「競選同盟」，與執政的「聯盟」相互較勁。聯盟是由巫統、馬華公會、印度國大黨三大政黨組成，也就是今日的國民陣線的前身。自一九五九年的大選取得執政地位，一直到一九六三年馬來西亞聯邦成立，聯盟一直是國會裡的優勢。

另一方面，在一九四〇年代末期至一九五〇年代初期，馬來亞出現一個不分種族的左派政黨：勞工黨。這個黨的大多數領袖是政府的公務員，反對種族主義，後來這個政黨的成員以接受英文教育的知識分子為主流，致力於解決社會中的種族問題，譬如要求政府承認華文、淡米爾文為官方語言。一九六八年底，許多勞工黨的成員被捕。曾任勞工黨支部主席的蕭思蓮回憶道：「那是因為第三屆（一九六九）大選即將到來，這些能做事的黨員有可能會影響選舉結果，因此勞工黨宣布抵制大選，各支部開始在各地張貼相關標語，結果勞工黨員林順成便在這個情況下被警察射殺。」[9]林順成被射殺的日期是一九六九年的五月四日，當時正值大選前，社會瀰漫著貧富懸殊現象並導致族群關係緊繃，馬來貧困大眾將生活上的匱乏歸咎於其他族群的霸占。五月九日投票的前一天是林順成的出殯日，送葬隊伍約有萬人參與，激起反政府情緒。

五月九日大選後，在一〇三個競選選區中，聯盟只贏得六十六席，反對黨成功使聯盟政府失去三分之二執政優勢。五月十一至十二日，數千名民主行動黨和民政運動黨人在吉隆坡舉行勝利大遊行，激怒了馬來人。五月十三日，選舉勝利者繼續在吉隆坡遊行慶祝，激起巫統激進黨員的反遊行示威，演變成流血大暴動，三名華人被當場毆斃。隨後政府宣布全國進入緊急狀態，封鎖新聞。事件主要發生在吉隆坡達四天之久。最後官方在十月公布傷亡數字：有近兩百人死亡，其中華人占大多數。這次事件就是五一三事件。

但馬來西亞的五一三事件真的只能歸類為「排華」的種族衝突這麼單純嗎？事實上，在這場延宕多日的事件中，印度人也是其中的受害者。

獨立前的馬來西亞印度人對於爭取公民權及自身利益的反應較華人冷淡，但獨立後，馬印族群意識到自己的切身利益，開始向馬來人靠攏，直到五一三事件後，馬來人與印度人之間關係緊繃，印度族群開始匯入華人，開始與非馬來人競爭。東南亞研究學者羅勝榮曾指出：

> 一九六九年的「五一三」事件中，馬來人和印度人第一次發生了直接衝突，此次事件中也有為數不少的印度人遭到馬來極端分子的暴力侵害。長期關係較為融洽的馬印族群關係從此改寫。印度人更多的是與處境類似的華人一道與馬來人在各個領域展開競爭和合作，維護非馬來人的各項權益。[10]

前民主行動黨國會議員及新紀元學院院長柯佳遜根據二〇〇七年英國公布的檔案，出版五一三事件專書：《一九六九年馬來西亞動亂解密檔案》。該書針對五一三事件的描述指出，該事件的爆發極可能是因為巫統內部「有優勢的國家資產階級」陰謀策劃並發動政變的結果，可能是經過蓄意組織的一連串計畫。此外，《遠東經濟評論》（*Far Eastern Economic Review*）駐馬來西亞資深記者達士（K. Das）曾於一九八八年訪問首相東姑並留下一卷錄音帶。東姑說：「開始起亂子的是敦拉薩，還有哈倫（Harun Idris）、馬哈迪、加沙里（Ghazali Shafie）。他們想接掌權力。」馬國政府在同年七月一日祭出新經濟政策，內容相當完整，也透露出其與「五一三事件」同樣是一連串有預謀的計畫。他們想透過鼓吹民族沙文主義，打造出馬來大資本家及掠奪大量土地與國家資源。[11]

五一三事件成為馬來西亞國家發展史上的一個重要分水嶺。大馬首任首相東姑・阿都拉曼在巫統激進派的壓力下，諮請國家副首相敦拉薩為首，成立總攬國家決策大權的「國家行動理事會」取代內閣和國會治理國家。在一九七〇年馬來西亞獨立日當天，國家行動理事會頒布「國家原則」[17]作為建設多元民族國家的方案，以撫平各族不滿情緒並謀求建國共識。

17《國家原則》是以馬來語撰寫，目前沒有官方統一的中文版或英文版，主要是針對「五一三事件」的回應，最主要的五項原則如下：信奉上蒼、忠於君國、維護憲法、尊崇法治、培養德行。

同年九月，東姑．阿都拉曼辭去首相職，由敦拉薩接任。敦拉薩於一九七一年宣布解散國家行動理事會，恢復國會的運作。

這場事件也影響了日後以馬來語作為教學媒介之計畫，自一九七〇年開始在馬來半島的小學一年級實施，進而延伸到中學及大學。此外，敦拉薩出任第二任首相之後，推出了三大影響深遠的政策，包含國家原則、新經濟政策與國家文化政策，其中政治原則從東姑時期的「馬來西亞基本上是馬來人的國家」改為「馬來西亞就是馬來人的國家」。

新經濟政策之後

許多人認為「聯盟」時代的自由放任經濟政策，是造成馬來人和非馬來人經濟地位產生差異的原因，也是五一三事件發生的主因。為了確保馬來人的工作權，馬來西亞政府規定所有非公民必須獲得「工作准證」才能工作，即使擁有永久居留權也是一樣。這令我想起我在馬來西亞擔任獨中校長的那一年，為了取得工作准證，我在馬來西亞等了三個月。當時覺得等待時間很漫長，後來才知道要在馬來西亞獲得一張工作准證是一件非常困難的事，尤其是校董會要不斷地提出這個工作必須招聘台灣人來擔任的理由，並且登報數次確認無人能勝任這份工作，才能幫我成功申請到工作准證。如果明白了馬來西亞現代歷史中五一三事件的來龍去脈與後續效應，就可以瞭解為什麼許多馬來西亞人看到我的工作准證都會很稀奇地再三審視，尤其是每次出入境，移民官總是會多跟我聊兩句關於這份工作的點滴。

一九七一年六月二十五日，國家行動理事會解散後，國會恢復運作，敦拉薩政府通過第二個馬國五年發展計畫（一九七一至一九七五年），此即「新經濟政策」，預定以二十年的時間，透過政府的積極干預，落實政策的兩大目標：一、不分種族，提高國民收入和增加就業機會，繼而減少貧窮到消除貧窮；二、重組馬國社會結構，平衡種族之間的經濟差異。在一九七〇年代，馬來人占總人口的比例為百分之五十三點二，但其資產僅有全國的百分之二點四；華人和印度人占總人口的百分之四十六點八，資產卻占全國的百分之三十三。其他的都是屬於外國人的資產。政府於是從以下幾個方面以提升馬來人的經濟地位：

一、將公司股權分配給馬來人：落實憲法第一百五十三條有關馬來人特殊地位各項優惠規定，大學學額和獎學金按種族「固打制」[18]分配，保送優秀土著赴海外深造，培養大批土

18　固打制是馬來西亞以種族比例在特定領域中實施配額的制度。

著專業人士和知識分子，為馬來人進軍工商業奠定專業基礎。政府的目標是要在二十年後將馬來人及其他原住民在工商業各領域占有經濟股權的百分之三十，其他族群為百分之四十，外國人則為百分之三十。自此，土著與非土著的名詞便約定俗成，用以界定馬來人和非法馬來人的身分和地位。

二、成立國營和半官方企業：政府撥出大批款項成立各種企業的國營公司，按憲法中規定的公務員族群分配比例，給予馬來人大量的工作機會，提高馬來人在公共領域的地位。由政府直接或指派馬來官員，與本地私人資本以收購合併的方式使原由國外資本企業控制的經濟領域轉回本國。此外，政府也制定具體政策，要求國家金融機構提供貸款給予馬來人為首的私人企業。

三、工業化與引進外資：如果外資達五十萬馬幣，公司內重要職位可由外國人擔任，對於專業知識及實際主管經驗職位可用外國人，但只限十年並要訓練馬來人接手，必須盡可能訓練馬來人即其他族人，使各色人種在組織各階層中均勻分布。[12]

四、給予伊斯蘭穆斯林額外津貼：雖然金額不大，但透過宗教局給予穆斯林各項津貼，譬如穆斯林至清真寺參加讀經會可以得到十至十五馬幣的交通津貼。不過讓穆斯林感受到政府格外照顧的「有感施政」才是這個政策的目的。

為了達成新經濟政策的目標，敦拉薩政府高度干預經濟，除了大量擴張國營事業，也介入公共資源的配置。舉例來說，一九七四年登嘉樓州外海發現石油及天然氣，政府便成立馬來西亞國家石油公司（Petornas），由政府全資經營，並且掌握了全國的石油及天然氣資源。著名的馬來西亞地標「國油雙峰塔」（Petronas Twin Towers）就是在上個世紀末建成，成為當時世界數一數二的雙子星建築。此外，為了降低馬來半島上土著家庭的貧窮比例，除了「固打制」之外，政府利用一九五〇年代就已成立的聯邦土地發展局，推動墾殖計畫，將無地的農村人口移至待開發地區統一分配土地。墾殖計畫下新增的墾殖區以彭亨州最多，占了當地人口的五分之一左右。雖然早期計畫也有華人及印度人參與其中，但在新經濟政策的推動下，這個計畫的受益者幾乎跟「馬來人」劃上等號。新經濟政策的推動令國陣在許多地方留下穩固的政權基礎，敦拉薩甚至有了「馬來西亞發展之父」的稱號，他的長子納吉（Najib bin Abdul Razak）也是日後馬國第六任首相。[13]

一九八一年馬哈迪接任首相，在新經濟政策的推動下更加重視扶植馬來人的企業家。他允許私有化國營企業和特許事業，引進擁有技術的國家前往馬來西亞與本地國企合作，更提出了「向東看」（Look East）政策、「國家發展政策」以及「二〇二〇宏願」等，致力將馬來西亞建設成為一個發達國家。

「向東看」意味著改變馬來西亞人注重和學習西方政府模式的習慣，開始向那些經濟迅速發展的東方國家（尤其是日本和韓國）學習，並關注高效、有誠信的政府建設。[14]也就是在這個時期，馬哈迪於一九九三年提出「亞洲價值」的口號，強化亞洲人對自我文化的認同，擺脫長久以來的「歐洲中心論」。值得注意的是，馬來西亞並非「共享儒家主義價值」的國家，馬哈迪支持亞洲價值，借用日韓台強調秩序、集體、自由與人權的社會價值觀，不僅使亞洲價值的內涵更具爭議性，亞洲價值作為一種統治工具或藉口也持續引發爭議。[15]

在新經濟政策的後期，在新公共管理主義理念的影響下，馬來西亞政府於一九九〇年提出了第二個遠景規畫「國家發展政策」（一九九一至二〇〇〇年），旨在升級產業結構，放鬆政府對某些領域的管制。同年，馬哈迪還提出「二〇二〇宏願」（一九九一至二〇二〇年），要在三十年內將馬來西亞發展到發達國家水準。國家發展政策期滿後，政府在二〇〇一年又制定了第三個遠景規畫「國家宏願政策」（二〇〇一至二〇一〇年），以推動馬來西亞經濟和社會的持續發展，強調國家統一和社會團結、經濟進步、社會正義、政治穩定、政府體制、生活品質、社會和精神價值、民族自豪感和信心等。這兩項遠景規畫都是新經濟政策的延續，但比新經濟政策涵蓋的議題更大，在政策取向上都對族群性有所淡化，突出經濟增長的重要性，[16]因此馬哈迪被冠上了「現代化之父」的形象。從這一連串的政策中可以看出，隨著時間和環境的變化，馬來西亞的國家政策開始由向馬來人傾斜的新經濟政策轉向強調族群和諧的「一個馬來西亞」政策。

從2020到Satu Malaysia

「Satu Malaysia」（1 Malaysia）是由第六任馬來西亞首相納吉在二〇〇九年九月上任之後推行的理念，由「一個馬來西亞：人民為先，績效為主」取代了過去的「二〇二〇」口號。從這一年開始，走在大城小鎮中，三不五時都可以看到飄揚在街頭的「1 Malaysia」旗幟；打開車子裡的收音機，一段新節目的開始，都會用「Salaam! Satu Malaysia」當作開播的招呼語。身為一個外國人的我，便會想要知道這短短的一句話，指涉的是馬來西亞當代的什麼新思維與方向。

當時納吉身為首相，也是馬來西亞國民陣線聯盟裡的巫統領袖，對於華人說出「馬來西亞畢竟是馬來人的國家」展現消極態度，因此「1 Malaysia」到底有沒有做到實質意義上的認同馬來人、華人、印度人，乃至於原住民的多元種族融合，恐怕對華人來說是有許多問號的。但是對於外國人的我們而言，多元融合的色彩，的確是馬來西亞文化中給予大家的第一印象。

一九六九年的五一三事件之後，「聯盟」擴張改組為國民陣線。包括巫統、馬華公會、印度國大黨、民政運動黨、人民進步黨（PPP）、土著保守黨（PBB）、砂拉越人民聯合黨（SUPP）、砂拉越人民黨（PRS）、民主進步黨（PDP）、沙巴團結黨（PBS）、沙巴民族統一機構（UPKO）、沙巴進步黨（SAPP）、自由民主黨（LDP）和沙巴人民團結黨（PBRS），其中巫統為最大黨。而國民陣線也成為數十年來的執政聯盟，由巫統擔任領導地位。

一九九九年以後，馬來西亞開始出現反對黨聯盟。分別是由前副總理安華（Anwar Ibrahim）領導的「人民公正黨」（PKR）、華人為主的民主行動黨（DAP），以及馬來西亞回教黨（PAS）。這三黨也在二〇〇八年組成「人民聯盟」。其中令台灣人印象較為深刻的是二〇一三年馬來西亞大選，五月五日當天因為停電，被稱為馬國政治黑暗的一天，還有不少人將Facebook大頭照改為全黑以表示抗議。那次的選舉，「國陣」贏得慘烈，同時也是馬來西亞獨立數十年來最有機會「變天」的一次，因此當年選舉頗受全世界關注。

不過很可惜的是，在這年大選，「希望聯盟」[19]取得近百分之五十一的選票，但卻沒有拿下國會席次，主要原因就是傑利蠑螈（Gerrtmandering）[20]劃分選區的結果使然。傑利蠑螈在美國及新馬的選舉中，是幫助執政黨取得更多議席的手段。以馬來西亞二〇一三年的大

---

19 「希望聯盟」是一個政黨聯盟，最初由人民公正黨、民主行動黨、土著團結黨和國家誠信黨於二〇一五年成立，在二〇一八年馬來西亞大選獲得檳城州及雪蘭莪州等八州的執政權。二〇二〇年初，馬來西亞的政治動盪，土著團結黨退出聯盟，希望聯盟陸續失去四個州的州政權。

20 一八一二年，美國麻省州長傑利（Elbridge Thomas Gerry）為確保民主共和黨在州議會選舉贏得更多議席，成立一項法案，將麻省州議會選區重劃，讓敵對的聯邦人黨票源集中在少數選區，保障民主共和黨候選人不成比例地當選。其中一區被重劃後，形狀似蠑螈（salamander），政敵將傑利的姓氏（Gerry）與蠑螈的字尾（mander）組合而成「傑利蠑螈」（Gerrymandering），影射為保障黨派利益而不公地劃分選區的方式。詳參陳朝建，〈傑利蠑螈（Gerrymandering）：法政專業名詞解析〉，《台灣法律網》，http://www.lawtw.com/article.php?template=article_content&job_id=60276&article_category_id=1170&article_id=29368

選為例，選區劃分的不公正是加重選舉結果不公的原因之一。而長期以來，國民陣線就是利用執政可以劃定選區地圖的權利，維持在選舉中的優勢。

在台灣，二〇一六年的總統選舉成功地使政黨輪替，展現了民主的成果。當我們往下一階段的進步邁進的同時，關注鄰國的政治，也許也是身為一位世界公民應該有的態度及思維。

拉曼傳說（RAHMAN）

所謂的「拉曼傳說」是一個流傳在馬來西亞數十年的都市預言，「拉曼」指的就是馬來西亞開國首相東姑·阿都拉曼的名字，據說拉曼（RAHMAN）之名預示大馬歷屆首相的名字。[21]從R到N，馬來西亞的執政就要變天。而依照二〇一八年大選結果來看，這則「拉曼傳說」確實是神級的預言：首相納吉下台，國民陣線也結束了長達六十年的執政。

馬來西亞的立法體制是由上下議院和最高元首組織而成，其中人民透過選舉選出下議院的議員，並由多數黨組閣，再由最高元首形式上地任命首相擔任內閣，並且對下議院負責。所以首相是實際上的行政負責首腦。在過去的六位首相當中，只有馬哈迪和阿都拉（Abdullah Ahmad Badawi）是平民出身，其餘首相均為王室或貴族出身。納吉是貴族、政治世家，他的父親就是第二任首相敦拉薩，姨丈是第三任首相胡先翁。開國首相東姑・阿都拉曼雖經由選舉上臺，但他另一個身分是吉打州王子，是貨真價實的王室成員。巫統掌控的國陣六十年來以王子首相開始，貴族首相結束，代表了一個時代的落幕。馬來西亞的民主政治正式進入新的篇章。

而這個「拉曼傳說」的版本來源，一說是占卜師的預言，二說是直到素有馬來西亞現代

21 根據「RAHMAN」來對照馬國歷任首相：
R—開國首相東姑・阿都拉曼（Tunku Abdul Rahman）
A—第二任首相敦拉薩（Abdul Razak Hussein）
H—第三任首相胡先翁（Hussein bin Onn）
M—第四任首相馬哈迪（Mahathir bin Mohamad）
A—第五任首相阿都拉（Abdullah Ahmad Badawi）
N—第六任首相納吉（Najib Razak）。

化之父之稱的馬哈迪擔任首相時，開始有人發現這項巧合並且流傳開來。二〇一八年大選，高齡九十多歲的馬哈迪二度上台擔任首相，這次他帶領的不是長期以來的執政聯盟國陣而是反對陣營「希望聯盟」，一舉成功變天。加上之前在他第一次擔任首相期間，與當時的副首相安華因政治鬥爭導致安華入獄，二〇一八大選兩人重新攜手合作，更有報導指出年事已高的馬哈迪有可能在兩年後將首相之位交由安華。這個報導的真實性如何或許言之過早，但是卻有另一則都市傳說出現，那就是「馬哈迪傳說」（MAHATHIR），按照目前的輿論風向看來從M走到A似乎已有雛形。

從鄭和下西洋到拉曼傳說，華人進入馬來半島及婆羅洲，歷經數百年，形成獨具一格的移民社會，也參與了國家建立的過程。本書第一至第六章讓讀者順著時間順序爬梳馬來西亞的歷史樣貌。接下來我想透過軟性的日常特色，深入淺出地帶大家看見更多馬來西亞的多元社會的特殊樣貌。

第七章

日常下的馬華步調：封爵、信仰與通婚

「敦」、「丹斯里」、「拿督」、「天猛公」、「甲必丹」，你聽過幾個？

馬來西亞是一個君主立憲的聯邦國家，由十三個州及三個聯邦職轄區（吉隆坡、納閩及布城）所組成。十三州中一共有九個州擁有世襲的王室蘇丹，每五年遴選一次，遴選順序依次是：森美蘭州嚴端[1]、雪蘭莪蘇丹、玻璃市拉惹、登嘉樓蘇丹、吉打州蘇丹、吉蘭丹州蘇丹、彭亨州蘇丹、柔佛州蘇丹，以及霹靂州蘇丹。另外四個州分別是沙巴、砂拉越、馬六甲、檳城，而其最高領袖稱為州元首，並且由馬來西亞最高元首任命，每屆任期四年，可連任。

在這個仍舊保有皇室與英國殖民時代以來的「封爵制度」的國家，可以說封建制度在某種程度上仍然刻劃在馬來西亞人的日常生活當中。不論是華人或是其他的族群，至少到目前為止，「封銜」仍然是許多人相當看中與在乎的社會地位象徵。

對於五花八門的各種封銜，台灣人也許非常陌生，大抵上依照等級的封銜說明如下：

一、聯邦授勳

● 「敦」（Tun）：是馬國的最高榮譽封銜，全馬不超過五十位有此封銜者。它在過去是王族世襲的頭銜，現在則由最高元首頒賜給對國家有卓越貢獻者。我們比較熟悉的是常常出現在國際新聞中的歷任首相，譬如大馬任期最長的首相馬哈迪，他的妻子也因其身分而被授予「杜潘」（Toh Puan）的稱號。

- 「丹斯里」（Tan Sri）：是聯邦授勳中的第二級別稱號，由最高元首授予終生榮譽的一種勳章，又可分為「護國勳章」（PMN）及「效忠王室勳章」（PSM）。大多數高級軍公教人員、政治人物或商人及社會顯達可以有資格得到丹斯里的稱號。目前全馬來西亞對擁有丹斯里稱號的人數限制是三百二十五人（其中護國勳章限制在七十五人），他們的元配則可以授封「潘斯里」（Puan Sri）的稱號。

華人不乏有知名的從政者或商人受封此勛章，譬如前砂拉越州第一副首長「丹斯里」陳康南醫生、常青集團主席「丹斯里」張曉卿爵士、前馬華工會會長「丹斯里」蔡細歷等等。不過最特別的，是丹斯里的稱號曾非常罕見地頒發給非本國人士——台灣的長榮集團總裁張

1 「嚴端」（Yamtuan Besar）是十八世紀森美蘭的統治者的稱號，其統治者是從境內四個地區，即雙溪芙蓉（Sungai Ujong）、柔和（Johol）、日叻務（Jelebu）和林茂（Rembau）所選出來的。嚴端與其他州使用的「蘇丹」或受到印度文化影響所使用的「拉惹」都屬於世襲皇室的稱呼，彼此之間地位平等。

榮發先生，因為多年來對馬來西亞經貿的影響力，於二〇〇七年獲頒「丹斯里」的榮譽。

二、州授勳

- 「拿督斯里」（Dato' Seri 或 Datuk Sri）：是州授勛的第一級別，地位與「丹斯里」相當，受封者也多為有功的軍公教人員或是知名政商界人士與社會顯達。在馬六甲、吉隆坡、納閩及沙巴使用「Datuk Seri」，在彭亨州及砂拉越州使用「Dato' Sri」，其他州則使用「Dato' Seri」。「拿督斯里」的配偶則會被稱為「拿汀斯里」（Datin Sri）。目前華人受封此勳銜者不多，但演藝事業揚名海外的楊紫瓊在二〇一二年由馬來西亞霹靂州的蘇丹頒賜「拿督斯里」的稱號。
- 「拿督」（Datuk、Dato'）：在聯邦和委任元首制四個州屬（沙巴、砂拉越、馬六甲、檳城）依據議會的提議冊封「拿督」。不過在蘇丹世襲的州屬除了依照議會提議名單之外，還可以依照自己的意願冊封。在馬來西亞最常看到的勳爵封號就數「拿督」了。除了本國人以外，外國人也有機會能被授予「拿督」稱號，例如成龍就於二〇一五年獲最高元首頒賜「拿督」。前文提到的張榮發先生也在二〇〇〇年獲檳城州的州元首頒賜「拿督」稱號。而拿督的配偶也可以受封「拿汀」。

大家喜歡「拿督」這個稱號，但是能夠獲得元首冊封的人畢竟仍是少數，所以馬來西亞也有「買拿督」的風氣，部分州的皇室有開放「拿督」勳爵的買賣，商人們為了要在生意戰場上更有影響力，也對買勳爵一事趨之若鶩。

- 東馬限定的「天猛公」（Temenggung）：原來這個名詞是與十六世紀的馬六甲王國有關，馬六甲王國被葡萄牙人取代以後，馬六甲蘇丹王室逃至印尼廖內群島，於是留下「天猛公」（類似「大內禁軍統帥」這樣的人）在今天南馬一帶照看王國的領土。後來天猛公成為南馬的實際統治者，這個稱號在今天成為東馬與汶萊等地的榮譽稱號。目前在東馬砂拉越州的詩巫華社領袖劉利民先生即擁有「天猛公」頭銜，他同時也是砂拉越華文獨中董事會聯合總會的會長。
- 東馬限定的「甲必丹」（Kapitan）：在西方諸國競逐的時代，從葡萄牙到荷蘭與英國，都在其殖民地實施華僑領袖任命制，並給予前來馬來亞、印尼等地的有功華人「甲必丹」的稱號。今天在馬六甲有座始建於十五世紀的廟宇「青雲亭」，數百年來形成信仰中心，並維繫明清以來的鄉紳村社制度的運作。因此在英國統治馬六甲後，雖然廢除了荷治時代留下的「甲必丹」稱號，但領袖的工作仍由青雲亭亭主來擔任。目前這個封銜僅剩東馬沙巴及砂拉越兩州仍然保有，西馬在一九三〇年代之後就不再冊封「甲必丹」了。

目前在砂拉越州的華社當中，最高等級的封銜是前文提到的「天猛公」，其次是「邦曼查」（Pemanca）、本固魯（Penghulu），最後才是甲必丹。即使甲必丹管轄的區域範圍較小，但在砂拉越的華社當中，甲必丹仍然受到敬重。

在馬來西亞的華人世界當中，不少人憑自身努力獲得各種封銜。在砂拉越州有許多擁有各種大滿貫封號的達官顯要，因此每當重要場合請來這些重量級人物出場時，光是介紹其來頭就要花上一段時間。有這些封號的人，主持人或司儀一定會慎重其事介紹他們出場，一個字都不能講錯，因為當地的華人相當注重這些稱號。有的時候主持人用華文講完這些介紹詞，還要換馬來文再講一次，整場宴會有大半時間都花在介紹這些人物出場以及聆聽他們的致詞。而且為表尊敬，當這些人出場跟致詞時，是沒有在上菜的。加上大馬這裡的酒席習慣是一次只上一道菜，吃得差不多才會再上第二道，所以每次吃這些宴席總是要打聽一下有多少「上流社會」人士出席，好事先填飽肚子，免得一場宴席吃下來，耗費三、四個小時卻吃不飽。

大伯公不等於土地公？拿督公又是什麼？

在我所住的桃園市大概有近三千座土地公廟，是全台土地公廟密度最高的縣市。實際上桃園舉辦「土地公文化節」已經超過十個年頭了。不僅台灣有關注土地公的活動，馬來西亞作為傳承華人文化的重鎮，也有一個「世界大伯公籌備委員會」。多年來，兩國透過「土地公」或「大伯公」這兩個關鍵詞，有著頻繁的交流。那麼究竟大伯公是在祭拜誰？除了華人以外，還有哪些族群會拜大伯公？這是一個馬來西亞相當有趣的信仰現況。

一般來說，華人較多的州屬，譬如檳城州、馬六甲州、霹靂州、砂拉越州、沙巴州，會有比較多大伯公廟；實際上歷史較悠久或是知名度高的大伯公廟也確實位處這幾個州。在福建人居多的檳城，有座據說建造於十八世紀末的「海珠嶼大伯公廟」；福州人居多的詩巫則有座「永安亭大伯公廟」，而據資料顯示，詩巫可能是全馬來西亞大伯公廟最多的地方。有不少客家人的古晉也有座知名度頗高的「壽山亭大伯公廟」位在河濱公園旁，又靠近市中心，是絕佳的地理位置，長年香火鼎盛。此外，舊時的採礦大鎮怡保也有一座「壩羅古廟」，該廟的香火取自檳城的海珠嶼大伯公廟，至今也有一百多年的歷史。

一九五〇年代，新加坡的《南洋學報》有過一場大伯公究竟是屬於何種信仰的筆戰。傳統的史學研究認為大伯公就是中國的福德正神，也有學者認為大伯公是由客家人的土地神演變而來的。但不管是客家人還是福建人，「大伯公等於土地公」這樣的說法最廣為流傳，也獲得較多人的認可。

此外，還有另一派的學者認為大伯公並非是神，而是神格化的人，例如他們認為第一個上岸檳榔嶼的華人張理[2]具有劃時代的形象，所以有人認為大伯公拜的就是這位上岸第一人。而這樣的說法也被西方的學者認同，他們相信大伯公指的就是一種華人先驅者，並不一定是特定個人，也不一定要有名字，拜的是過去華人移墾的勇氣與時代的改變。

早期移居南洋的華人社會和「會黨」關係密切。雖然這個名詞在今天看起來會讓人直接聯想到黑社會，但在過去的馬華社會，會黨是一種自救與互助的組織，對於當時胼手胝足的華人來說，更是一種療癒思鄉與不安心情的心靈支柱。而廟就是過去的華教、處理公共事務的大小聚會的場所，所以普遍性較高的大伯公廟就成為移民者將世俗事務與信仰結合在一起的典範。

張翰璧、張維安及利亮時在〈神的信仰、人的關係與社會的組織：檳城海珠嶼大伯公及其祭祀組織〉提到：「東南亞的『大伯公』信仰，不僅僅反映個人與集體的心靈狀態，更涉及移民當時社會關係的變遷，例如『社會』的形成（人口增加與社會控制）、人群的分類方式（不同祖籍間或跨祖籍等合縱連橫等）、秘密會社的介入（大伯公會、海山、義興等）及其後的經濟利益（餉碼制的鴉片販賣、勞動力的仲介等）。其中，秘密會社是早期馬來西亞華人移居的主要社會組織結構的一個環節，它並不是屬於某個方言社群所獨有。」[1]由大伯公的信仰可以看見，馬來西亞華社如何在建國之後，從華僑社會逐漸轉型成具有國家認同的華人社會，使他鄉成了新故鄉。

拿督公是拜誰？

走在馬來西亞較有歷史年代的一些街道，在路邊看見地上寫著「拿督公」的小神龕或是小廟的機會頗多。「拿督」原指對社會有功的賢達人士，但這個詞最早源自於非穆斯林的馬來民族的拿督信仰，而拿督是保護地方的「土地神」。

2 張理是客家華人，於十八世紀中期來到檳城，以打漁為生，據傳死後化身為大伯公。

在伊斯蘭教還沒有大肆進入馬來半島時，土生馬來民族會祭拜受尊敬的已故酋長。酋長去世後，當地人相信他的靈魂會繼續保護這片土地的人事物，因此他們就將這樣的信仰冠上「拿督」的稱號，這也是屬於將人神格化的一種轉變。

因為屬於馬來民族的「拿督信仰」近似華人的「土地公信仰」，所以有人認為將「公」字加在「拿督」之後，成為「拿督公」是一種長期以來馬華文化融合的象徵。「拿督」原來就是由馬來語翻譯而來的寫法。也有另一種說法是，當馬來人伊斯蘭化之後，漸漸地遺忘這個信仰，但被華人承繼過來，不過也因為「拿督」來自馬來人，所以華人祭拜「拿督公」不會使用豬肉，而是以鮮花水果、檳榔和菸絲等為主。現在「拿督公」已經成為華人社會中重要的信仰之一。[2]

根據陳志明在〈東南亞華人的土地神與聖跡崇拜：特論馬來西亞的大伯公〉一文中所述，科拉邁（Keramat）指的是聖跡，尤其是回教聖者的墓和有不尋常（突出的）特徵的地方，譬如蟻丘會被認為是守護靈居住的聖地。[3] 所以馬來人（非穆斯林的馬來民族）信仰的拿督公沒有固定的形象，洞穴、大石頭、樹下都有可能是祂的居所。在一些較為偏僻的鄉村，譬如華人、原住民通婚的小型村落，都還可以看到召喚拿督公起乩治病的宗教儀式，而這些拿督公未必是人的形象，有可能就是依照前文所述的聖跡，一個蟻窩就是拿督公了。對於這些地區的人來說，過去墾荒雖然辛苦，他們的生活藉由拿督公與聖跡崇拜而日趨穩定並獲得安全感，這樣的信仰在過去極其重要，使後人也認為自己有責任延續、傳承與保護這些習俗。

五教合一的德教會

在我去馬來西亞工作以前，我從來沒有聽說過「德教會」。到了當地以後，發現不論在東馬或是西馬，路上「德教會」的招牌真不少，而且我也有不少華人的長輩朋友相當支持「德教會」的宗教活動，常常自費買機票，跟著德教會團體到馬來西亞各州分會進行交流或是參與慈善活動。當時的我有點訝異，到底是什麼宗教可以讓馬來西亞華人朋友這麼熱衷，但我卻一無所知。

德教會的由來與華人信仰中的「鸞堂」有著密不可分的關係。鸞堂是以扶乩為主要儀式進行神人溝通的橋梁。「扶鸞問事」在中國歷史中存在已久，華人移居東南亞，也將這個文化帶進了當地的華人社會。馬來西亞德教會的起源就與唐代的兩位鸞師楊筠松及柳春芳降鸞救世有關。

唐朝的楊筠松一生致力於風水堪輿，凡是被他看過風水的人，生活一定有所好轉，所以他又有「楊救貧」的稱號。他也曾在朝為官，擔任「金紫光祿大夫」掌管風水地理之事，他的其中一首歌訣〈青囊奧語〉，便是研究風水者必看的歌訣。[3]在堪輿界中他是重要的指標性人物。而另一位柳春芳則是唐朝天寶年間的進士，品行高潔，事親至孝，據說他在七十二歲那年得到高人指點，辭官入紫陽山元化寺修行成正果。[4]

一九三九年，廣東潮陽縣的百姓因有感戰火頻仍，人民流離失所，就設香案禱告，其中有一位楊瑞德以家中珍藏的柳乩，[4]請先佛降鸞訓諭，焚香虔誠膜拜數月；他同時還施藥治療鄉里間的疾病，造福地方，德教會的原創第一閣就在廣東潮陽成形。第一個德教會的道場名為「紫香閣」，教徒們崇奉的師尊有三位——唐朝風水大師楊筠松、唐朝進士柳春芳、宋代進士宋大峰，降鸞昭示乩文的仙師也是這三位。後來隨德教會數量不斷增加，先後被引入的諸佛仙尊也就漸漸變多，最後形成涵蓋儒、釋、道、耶、回五教共存的華人信仰。[5]德教

會的師尊派別與各路神仙歸類如下：[6]

各教教主：老聃、孔子、釋迦牟尼、耶穌及穆罕默德

佛教師尊：釋迦牟尼佛、濟公李修緣、觀世音菩薩及宋大峰祖師等

近教師尊：老聃、楊筠松、柳春芳等道士

神仙師尊：何仙姑、藍采和、韓湘子、李鐵拐、呂純陽及鍾離權等八仙

歷史人物師尊：華佗、鬼谷子、岳飛、關羽及關平

民間傳說師尊：九皇大帝、土地神、黃大仙、天后及齊天大聖等

由於崇拜的仙佛眾多，德教會最後在一九四二年將教徒日常恭讀的的經文《德教心典》宣世，並且在一九四四年一次降鸞上，確定了由道教始祖老聃為德教會教主，並且將《道德經》改為《德教意識》作為德教會的教義和內涵。自此之後德教會雖然宣稱包含各派宗教，

3 〈青囊奧語〉由楊筠松所撰，序文由其弟子曾文辿所作，全文不到兩千字，字字珠璣。

4 扶乩是道教中一種向神明請求指示的儀式。需要一至數人扶住架子，在預設的沙盤上用乩筆（過去會使用柳枝）寫出文字或圖形，再抄錄成經文。乩手必須是入道多年並德高望重的道長，通過各種特定考驗，才能擔任並對乩文作出適當解釋。

但將眾神定於一尊，以老聃為主神及核心。

德教會的傳播從中國開始，二戰後在新加坡快速發展並且傳入馬來西亞。一九五二年，馬來西亞成立第一個德教會；現在新馬一帶已經有超過六十個德教會的組織，其中以「紫系」及「濟系」數量最多。這個宗教在發展上雖然已經枝繁葉茂，但仍不脫離其核心價值，也就是儒教的忠恕、道教的崇德、佛教的慈悲、基督教的博愛、伊斯蘭教的慈恕。即使廣大的教徒不一定明白這個宗教的發展及各種教義的演變，但是幫助他人做好事卻是教徒們心中公認的價值。至少我的馬來西亞長輩朋友就是這麼跟我說的：「跟著德教會活動到處走走，又可以幫助別人，很好！」

基督教與天主教在馬來西亞

二〇一三年，馬來西亞的法院作出判決：未來基督教徒不能再使用「阿拉」一詞稱呼上帝。這件事情讓平時較少人關注的馬來西亞天主教徒與基督教徒頓時躍上國際新聞版面。

馬來西亞的天主教與基督教徒使用「阿拉」一詞禱告由來已久，甚至在這個國家還沒成立以前，住在這個地方的教徒們就已經在用這個詞稱呼上帝了。已故的黎巴嫩牧師阿卡德（Fouad Accad）在其著作《建造橋梁》（*Building Bridges*）中表示：「其他近一千兩百萬的阿拉伯基督徒怎麼辦？他們在聖經、詩歌，還有文學著作中都使用『阿拉』稱呼上帝，這樣的習慣已經有十九個世紀那麼久。」[7]

馬來西亞的基督教與天主教徒大約占總人口的百分之十，其中東馬的信徒較西馬多，很大一部分由馬來西亞原生土著和非伊斯蘭化的馬來人組成；這一點與台灣有點類似，台灣的高山原住民信仰天主教或基督教者不在少數，多半都是與過去的大航海時代外加殖民主義的影響有關。

十五世紀之後，來到馬來半島的葡萄牙人帶入了天主教的信仰，緊接著荷蘭人與英國人的到來將基督新教傳入；常見的基督教派有衛理公會與英國國教派，當年與孫中山一起在吉隆坡搞革命的大老杜南，兩人不但是廣東同鄉，也同為基督教衛理公會教友。現在也有許多華人是衛理公會的信徒。

天主教聖安納慶典

檳城喬治市在被編入世界遺產城市之後才成為大家熟悉的旅遊城市，反觀檳城州上其他華人聚居的城市，對於非馬來西亞人來說是相對陌生的。位在馬來半島上同屬檳城州的威斯利省大山腳區，有座建於一八八八年的天主教堂「聖安納教堂」（St. Anne Church），在當地頗有名氣。聖安納是聖母瑪利亞的媽媽，也就是耶穌基督的外婆。每年七月底是慶祝聖安納生日的大日子，來自馬來西亞四面八方的印度天主教徒都會來這裡集會，並點上長長的蠟燭祈禱紀念，因此在教堂外面會看到印度人設立的小攤子，與教堂形成一種很特殊的宗教氛圍。有幸在二〇一六年七月拜訪聖安納教堂的我參與了盛會；我被眼前眾多的印度天主教徒與充滿印度人色彩的攤位大大開了眼界，腦海中一直不停地思考著為什麼這裡存在這麼有特色的天主教節慶。

大家都知道印度人信仰印度教居多，伊斯蘭教其次。即使是移居到海外的印度人也依然保持原鄉帶來的信仰，但是為什麼會有這麼多大馬的印度人是天主教徒或基督教徒？原因在一八二六至一九四六年時，現在的檳城、馬六甲及新加坡是海峽殖民地。這三個地方是英國重要的貿易港口，最早在一七八六年時，英國東印度公司曾經與吉打州的蘇丹簽訂《英吉條約》取得檳城的管理權。後來十九世紀英荷海上爭霸，荷蘭為將重心擺在印尼，便與英國簽訂《英荷條約》時拿馬六甲交換蘇門答臘的明古連地區，最終使英國在一八二六年正式整合三地為海峽殖民地。印度人在這段期間大量來到馬來半島成為橡膠園的勞工，而英國也在這段期間成功地傳教，使得許多大馬的印度人成為教徒。

目前在新馬的華人提到印度人時，多數的觀感較負面，但他們也說印度人有分，如果是印度基督徒的話受高等教育的人較多，在華人的世界裡會覺得是比較好溝通的。此外，來到新馬的印度人也有過去是種姓較高的剎帝利階級；他們有些是來自印度西北的旁遮普，信仰以錫克教居多，這些印度移民多半在新馬的社經地位較高，華人對他們的觀感也較佳。

古晉的教堂聖地：星蓋山

由於砂拉越是原住民人口居多的州，在首府古晉近郊就有一座星蓋山（Mount Singai），距離古晉市區大概一小時的車程，位在鄰近石隆門一帶，海拔約一千八百四十三公尺。在這裡的土著多數信仰基督教或是天主教，其中砂拉越原住民的比達友族將這座星蓋山視為他們的聖地。比達友族的部落有許多，譬如Bisingai、Bijagoi、Bratak、Biperoh、Pinyawa、Bisapug、Bisitang、Biatah、Bibukar和Sadong等等。相傳過去有一位神父帶領一些比達友族來到星蓋山避難，漸漸地這裡也形成一個比達友族的部落，而位在山腰的教堂就順理成章地成為教徒們的聖地。

從山下的石階一直爬到山腰處的教堂，依照登山常客大概爬個二十分鐘就可以到達，但之於我卻要耗時兩倍的時間。在通往山頂教堂的階梯上，每一小段路都會有一個十字架標示現在的位置，上頭寫了一些宗教人物的介紹，一路上一共有十四個十字架，象徵紀念耶穌的苦路十四站（Via Dolorosa）。階梯的盡頭是一座特別帶有原住民自然色彩的教堂，融合了南洋風情與土著的文化。最特別的是，蓋教堂的一磚一木都是用人力運上來的；在山腳下可以看到一包包的沙土包，來爬山的人量力而為，會順手提個一兩袋上山，這些就是建教堂的材料。

在原始雨林色彩濃厚的砂拉越州，可以看見不同於西方主流概念下的基督教或天主教的信仰呈現，我想馬來西亞的確是能夠將不同文化元素揉合成屬於該國特色的能手。

馬華穆斯林

馬來西亞的穆斯林人口以登嘉樓州及吉蘭丹州最多，而馬華穆斯林的人口大約只占全馬人口的百分之一左右。早期的華人信仰伊斯蘭教的原因不外乎是因為婚姻、經濟、研讀經文等幾種原因而決定歸真。從歷史上來看，《馬來紀年》對於漢麗寶公主的記載雖然不被認為是可信的正史，但明代時與馬六甲王朝往來關係密切卻是不爭的事實。隨著使節往來以及鄭和下西洋等大幅度的交流和移動，早在數百年前就已經有為數不少的華人因為貿易或婚姻而留在今天的馬來西亞，並且成為穆斯林。

清朝華人大規模的移墾並未帶來第二波信仰伊斯蘭教的高峰，反而是直到一九六〇年代馬來西亞伊斯蘭福利機構（Perkim）[5]成立後，大概增加了四萬多名非穆斯林改信伊斯蘭教，其中華人超過一半的比例。在這些馬華穆斯林當中又以客家人的數量最多，但這可能跟

5 馬來西亞伊斯蘭福利機構是一個半官方的伊斯蘭組織，其宗旨是傳播伊斯蘭教和促進非馬來人與馬來人之間的通婚來達成族群和諧。

客家人性格上比較保守，喜歡走安全路線的特性有關，因為他們認為改變信仰可以獲得政府給予財政上的協助，不論是貸款或是獎學金甚至是幫忙找工作，更深一層地想是可以給自己的下一代更好的保障。

雖然馬來西亞是伊斯蘭教的國家，但對伊斯蘭教有清楚認識的華人卻不是多數。一般華人大多認為伊斯蘭教是馬來人的宗教，成為穆斯林就是要成為馬來人，這樣的華人會被稱為「Masuk Malayu」（成為馬來族之意）。而變成所謂的「馬來人」在馬華社會中並不是一件可以受大眾打從心底認同的選擇。

我們都知道在伊斯蘭教的國家凡是嫁娶，都要皈依伊斯蘭教，這點在馬來西亞也不例外。但其實在華社當中，也有許多家中只有一人信仰伊斯蘭教，但其他成員仍保持其他信仰的狀況。因為華人社會對於馬華穆斯林的接受度不如歸真者自己想像得高，所以某些穆斯林在有些地方會選擇隱藏自己的身分，他自己並不會主動讓別人知道自己已經皈依伊斯蘭，也不希望朋友稱呼他皈依後的「經名」。關於這樣的華人穆斯林在華人社會的互動，對馬華穆斯林頗有研究的鄭月裡在《華人穆斯林在馬來西亞》一書中提到：「社會階層較低的華人穆斯林，他們的問題是來自對伊斯蘭教沒有清楚的認識，又要面對來自社會和家庭的壓力，因此只好畏畏縮縮地，當一個常用很多理由向人推說『不吃豬肉』、『不燒香』的穆斯林了。再者，皈依伊斯蘭教及與馬來人通婚的華人，或多或少會引起華人社會的鄙視。所以在馬來西亞皈依伊斯蘭教的華人顯然沒有那麼幸運。」[8]

至於前文中提到的「經名」，馬來西亞早期曾規定新進皈依的穆斯林男生要在名字後面加上bin，女生則是binti，為的是要辨別是誰的子女。不過伊斯蘭的教義中並沒有規定一定要在名字後加上bin或binti。這是馬來西亞特有的現象。

馬來西亞的伊斯蘭教促進局（Jabatan Kemajuan Islam Malaysia）曾經出版一本《皈依穆斯林取名指南》的小冊子，其中規定了改名的原則。譬如新皈依的教徒要在本身的華人姓名之後加上Abdullah，並且不被允許放棄原本的姓氏。這樣的規定主要是由於當局想從名字去判定該人是來自哪一個種族，因為在馬來西亞，馬來人及原住民是享有一些保護權利的。不過這個政策在二〇〇五年以後被終止，但儘管如此馬華穆斯林仍希望在名字中保有華人的字彙，縱使信仰伊斯蘭教，也不會忘了華人的根。[9]

由於穆斯林的生活行為規範與華人差異頗大，華人信仰伊斯蘭教之後大概要經過四代才能完全接受馬來文化。即使多數的馬華穆斯林在心中仍然認定自己是華人，想要盡可能的保有華人傳統，但終究因為飲食、不能崇拜偶像等因素，勢必與華人社會拉開距離。對於不甚熟悉伊斯蘭教義的華人而言，有些人抱持著「信仰伊斯蘭教等於馬來人」的單向思考；而對於馬來人而言，馬華穆斯林卻不等於馬來人。在推力與拉力之間，馬華穆斯林正在尋找「馬來化伊斯蘭」與「華人伊斯蘭」之間的平衡點，而這也是雜糅在馬來西亞多元文化中的一項不可忽視的特點。

華人與土著的通婚

二〇一八年的世界小姐選美，代表馬來西亞出賽的佳麗劉拉麗莎（Larissa Ping Liew）即是來自砂拉越古晉華人與肯雅人（Kenyah）[6]通婚生下的「新華人」。單純從外貌來看，她一百七十三公分的身高，高於原住民的平均身高許多。此外，她還通曉馬來文、英語、肯雅語，接受英語教育。這些敘述與一百多年前布洛克王朝的白人拉惹詹姆士．布洛克對於這樣的族群描述相當接近。

早在布洛克王朝時代，即有大量的客家籍華人與西婆羅洲（含今日印尼加里曼丹、砂拉越州及汶萊）一帶的原住民女子通婚。雖然原住民人口在東馬占多數，有著相較於華人的經濟發展的優勢，但對於原住民，譬如達雅族，華人大多帶著歧視的眼光，甚至用「拉子」（方言詞彙）來形容他們。[7]這是一個充滿著輕蔑之意的稱呼，指在東馬華人眼中的達雅族人，是一群沒有文化的土人。但是學者林開忠在〈砂拉越新堯灣周邊客籍華人與達雅族的異族通婚家庭〉[10]這篇文章中卻開啟了另一種不同於傳統歧視的新視野。文中指出，自白人拉惹時代，詹姆士．布洛克就認為華人與達雅人的混血是一種優越血統的「新華人」：

> 華人—達雅人混血後裔是一支面貌姣好及勤勉的種族，〔他們〕繼承華人多過本地土著的大部分特質……造成這種現象的原因可能是因為「教育跟早期養成習慣」的緣故；而且在

6 根據《砂拉越詮釋法》及《馬來西亞憲法》對砂拉越原住民的定義分為：杜順（Dusuns）、路達雅（Land Dayaks）、海達雅（Sea Dayaks）、肯雅（Kenyah）等二十多種。

7 〈婆羅洲之子〉與〈拉子婦〉均是李永平早期的成名作品，二〇一八年重新集結為《婆羅洲之子與拉子婦》一書發行。

宗教跟習俗上，這些混血後裔主要也是跟隨華人父親的傳統。這群混血後裔值得關注，因為他們很可能就是婆羅洲主要的居民。

但是從這位劉拉麗莎的例子來看，有華人父親的她卻不通曉中文，反映出以前與原住民通婚的華人對後代的影響其實不一定占優勢；許多原住民其實是信仰天主教或基督教，會接受馬來國民教育或是以英語教育為優先。但近年來，由於對中國市場的需求增加，漸漸地有許多「新華人」會選擇接受華文教育。

以我在砂拉越州西連民眾中學的經驗為例，該校地處馬印邊境，除了是一個客家人占多數的山中小鎮之外，原住民的比例相當高，所以這所華人民辦的獨立中學有原住民的學生來就讀也就不足為奇。二〇一六年，馬來西亞當地節目報導了各地獨中的現況，西連民眾中學的代表學生就是一位每日遠從距離學校三、四小時車程的甘榜（馬來語鄉村之意）來學校就讀的伊班族與比達友族混血的學生。[8] 而歷屆的校友當中也不乏華人與原住民通婚的子女。

相較於信仰伊斯蘭教的馬來人，宗教不會是原住民和華人通婚最大的問題，而且兩者飲食上都喜歡吃豬肉，且工作態度認真的華人，大多數都能給家庭安穩的生活。對於原住民的女子而言，由於嫁給華人能得到更好的生活，兩者通婚的情況非常普遍。他們生下的子女，大部分以華人的身分成長。在今天的東馬，這種「新華人」的比例相當高。

8 砂拉越原住民統稱達雅族，其中又分成陸達雅的比達友族及海達雅的伊班族。在砂拉越州，非伊斯蘭馬來人的原住民都統稱達雅人。

第八章

馬來西亞的華文教育與哈台文化

二〇一六年，台灣開始推動「新南向政策」。在教育方面，大專院校開啟了更多元化的招生入學方案，除了早年的僑教政策、外籍生，以及符合馬來西亞教育概念下重視技職教育的「海外青年技術訓練班」，現在更有升級版的「國際學生產學合作專班」，以兩年修業、兩年至合作企業實習交替運作的方式，使來台學生最後能取得大學文憑。但是馬來西亞學生來台灣的留學之路，在過去並非一直都這樣多元並順遂的。

馬來西亞華教發展概述

根據統計，目前在台灣的馬來西亞籍學生約一萬六千人，該國的學生一直是台灣外籍生與僑生的大宗，可以說是除了港澳以外的最大多數。[1]但是如果告訴你，在二〇一二年以前，馬來西亞政府除了醫學類別以外，其實不承認台灣的學歷，[1]那麼大家心裡一定會有非常多問號：「為什麼過去幾十年來，他們還願意來台灣留學？」這個就要從阿公的阿公的時代講起，關於「根」的儒家思想，在這百年來如何影響馬華社會的華教史了。

馬來西亞的華文教育，自一八一九年在檳城所建立的第一間私塾「五福書院」算起，已有近兩百年的歷史。看待華文教育史的起落浮沉，其實就是一部馬國華人生存與發展的歷史。在目前的馬來西亞，可以學習華文的教育體系選擇有：六年的國民型華文小學、六年的華文獨立中學、五年的國民型華文中學、二至三年的南方學院、新紀元學院、韓江國際學院，以及大學裡的中文系等。

最初的華文教育附設在廟宇、店鋪或住家中，設備簡陋，主要以方言教學，教學內容重點在於灌輸傳統的中華文化與價值觀，常常是將對血緣性組織的重視與教學綁在一起，達到雙管齊下的效果。目前在馬來西亞的一些城市還可以看到這種書院的建築。[2]

十九世紀的英殖民政府不重視華文教育，所以自然無所謂對華教施行的政策，當局對此

1 在教育部和華僑團體努力下，馬國政府逐漸鬆綁，先是承認台灣八所大學的醫學、牙醫、藥劑系學位，又認可台灣中華工程教育學會認證的工程領域校系。二〇一二年，教育部委託台灣高等教育評鑑中心基金會居中協調，與馬來西亞學術資格鑑定機構（MQA）簽訂學歷資格互認聲明。今後，凡是經過兩單位評鑑通過的大學院校學歷，都可獲得雙方政府承認，並將承認時間追溯至二〇一一年六月二十日。

2 譬如位於吉隆坡茨廠街附近的陳氏書院，詳參本書第四章。

採放任的態度。一直到一九二〇年代，時值「民族自決」思潮在中國及其他殖民地流行，馬來西亞華文教育的蓬勃發展，加上中國五四運動的影響，英國殖民政府開始起了戒心，於是實施「學校註冊法令」。[3]教育總監獲得政府授權關閉不符合課程規劃、行政程序與校園衛生等條件的學校。雖然說法令是針對各級學校，但因為華校最為蓬勃因此受到的影響也最大。一九二九年至一九三二年，英國政府認為在中華民國建立之後，「華語」成為國語，若馬來西亞的華校也以華語作為教學媒介，會增強中華民國對這些地方的影響力，這是英國政府所不樂見的。即使如此，華文學校的學生人數仍是英文學校學生的兩倍，說明即使受到各種壓制，華文學校仍在逆境中成長。

一九四一至一九四五年，長達三年八個月的日本占領時期，是華文教育最黑暗的時間。由於中日戰爭及馬來西亞華人社群鮮明的抗日及各種反侵略的行為，導致日軍屠殺華人、關閉華校，華文教育幾乎消失。日本軍警勒令交出所有華文書籍，除了字典與地理課本，其他都遭焚毀，總計約有二十萬冊書。[2]到了一九五二年，馬來亞聯合邦通過《一九五二年教育法令》，規定在設有國民學校的地區，所有的適齡兒童均須進入以英語及巫語（馬來語）教學的國民學校就讀。一間學校除非一個年級有超過十五名的學生要求，才可以教導華文或是淡米爾文。換言之，國民學校越普遍，代表方言學校越會被迫減少。

一九五六年，馬來亞聯合邦再度通過《拉薩報告書》（*The Razak Report 1956*），其中規定馬來語為國語，並要建立一個以國語為教學媒介的教育體系。後來《拉薩報告書》在一九五七年由馬來亞聯合邦政府通過成為《一九五七年教育法令》。此時的馬來文小學被稱作「標準型學校」，但英文中小學、華文中小學及淡米爾語學校都還是可以接受政府津貼。不過自《一九六一年教育法令》通過後，英文、華文、淡米爾文中學只有改為「國民型中學」者才可以獲得全面補助，拒絕改制的中學則成為「獨立中學」。政府在獨中須接受教育法令約束的前提下，仍允許其繼續存在，但經費上不予補助，學歷也不予承認。

馬來西亞華文教育雖然困境仍持續存在，在半世紀的努力下，也逐漸展露出豐碩的成果。除了保有一千多間的華文小學、六十間獨中，二十一世紀的華文教育也有一些突破。譬如，董教總教育中心創辦新紀元學院，柔佛州寬柔中學董事會申請成立南方大學學院，華社

3 《一九二〇學校註冊法令》頒布之後，英國殖民政府開始編寫被認為較適合當地的新課本，同時企圖以撥款津貼的手段加強對華文教育的管制。

集體募款創辦韓江傳媒大學學院，加上二〇〇二年由華社創辦的私立拉曼大學正式招生，令馬來西亞擁有相當完整的華文教育。此外，各州的州政府也漸漸在「中文熱」與市場需求下鬆綁，各自在有條件的情況下撥款補助獨立中學的經營。以砂拉越州為例，州政府即同意撥出六百萬令吉給州內十三間獨中使用；檳城及雪蘭莪州政府也平均撥款約四十五萬令吉給獨中。而華教奮鬥數十年希望政府可以承認華文獨立中學統一考試（簡稱統考〔UEC〕）文憑的願望，近年在各州也漸有成效；二〇一八年，馬六甲州州首長宣布無條件承認獨中統考文憑。

而最早於上個世紀末，政府就承認台灣醫學院的相關文憑，多年來培育了不少留台的醫生。這批菁英已然成為馬國醫學界的生力軍；在北馬檳城的南華醫院，有兩成的醫生留學台灣，南馬柔佛的立康醫院則有高達半數的醫生留學台灣。台灣嚴謹並具高水準的醫學教育，訓練出一批專科醫生，自馬國政府漸漸對留台教育文憑鬆綁後，這些醫生之間也興起了返鄉潮，為家鄉的醫療貢獻一己之力。

微型獨中的發展：以砂拉越州爲例

現存的六十間獨中是捍衛中華文化傳承及華語的堅固堡壘。馬來西亞老一輩的華教鬥士總說：「六十間獨中一間都不能倒。」因為少一間要再創立新的獨中，在現階段來說是幾乎不可能了。其實當我作為校長，第一次站在新搭建的鐵皮屋頂下的司令台，聆聽馬來西亞國歌時，就覺得這個不能讓華校倒閉的華教重任，也成為我肩頭上的一個責任。

基本上，沒有接受政府津貼的華人民辦中學皆統稱為獨中；這個情況在各州略有不同，有些州會定額補助辦學，有些州政府則是一分錢都不會幫忙。馬來西亞總共有六十間這樣的學校，他們把獨中系統的「教育部」稱作「馬來西亞華校董事聯合會總會」（以下簡稱董總），並把學生人數少於三百人的學校稱為「微型獨中」。

許多微型獨中位於東馬的砂拉越州，這州的面積約為台灣的四倍大，但人口只有兩百多萬，其中又以土著（原住民）為最大人口。在地廣人稀的先天條件限制之下，砂州的獨中，尤其是不在市區的偏鄉學校，成為微型獨中也是可以想見的情況，自然也與西馬許多學生人數動輒破五千甚至上萬人的大型獨中盛況難以相比較。因此砂拉越州的「華文獨立中學董事會聯合總會」會在董總的主催下，年年都會舉辦微型獨中的研討會，藉此交流如何解決招生困難、提高籌款經費，取得突破邁向穩健發展的方法。

微型獨中的困境：招生、籌款、師資

在我擔任校長的那一年，西連民眾中學從初一到高三的學生人數只有七十多位。當年我任教的高三班學生人數只有七人，其他年級的學生也都落在十多位左右。不過即使一個班只剩下一個學生，老師的備課工作以及學校基本的日常庶務都還是需要維持運作。

六個年級需要六位導師，為了縮減開支，導師又須兼任校內的行政工作，三不五時需要辦理生活營、才藝比賽等活動，以吸引小六學生及鄰近學區的目光。我負責校長的行政庶務及對外交流的工作，也常常要自己寫新聞稿，發給當地的華文報紙，增加學校的曝光率。

此外，我也擔任高一至高三的歷史老師以及高二的華文老師，又因為住在學校臨時由廢棄食堂改建的簡陋宿舍，舉凡跳電、有蜂窩、流浪狗弄翻垃圾場，或是網路不通要打電話去電信局抱怨等都在我日常工作的範圍之內。這是一個十足十的校長兼撞鐘的工作，薪水只有兩千馬幣，換算成台幣大約接近一萬四千元，遠低於台灣的最低薪資。不過，若校長也只有兩千馬幣，可以想像老師的薪水甚至低於一千五百馬幣。

來到這裡，我第一次體認到什麼是城鄉差距。微型獨中除了在薪資上與城市裡的大型獨中有差距之外，即使我是一位校長，當我教學時，手上也只有一本傳承多年的教科書；如果有一天我不教那個年級的科目，教科書就要繳回學校，留給下一位老師使用。所以舉凡備課、補充講義、各種大小考試的出題，全部都要一字一字的自己敲打出來。為此，在當地教書第一年的我，常常一整天都坐在電腦前面準備上課資料一直到晚上。

好奇從台灣來的校長究竟長什麼樣子的學生及老師們，很喜歡關注我到底坐在電腦前面在忙什麼。如果不巧被他們看到我分心在查廉價航空的機票，還得在校務會議上交代一番：因為校長也是普通人，很期待放長假，需要搭廉價航空回家……這些是我的校長日常的點滴之一。

薪水不多的獨中教師可以靠課後補習來補貼收入，可是身為校長，可沒有學生願意找校長補習，所以我也只能偷偷地羨慕老師們沒有校長包袱，可以泰然地在課後補習兼差。而我來這裡完全就是抱持奉獻華教的心情，在課後免費教學生跳印度舞及肚皮舞，幫她們排舞、拜託同事載我到六十公里以外的古晉去買布、張羅舞衣。我看著學生們赤著腳在司令台上練舞，也帶他們參加籌款晚會以及各地的義演，把學習到的新舞蹈表現給華社欣賞，讓更多人認識我們學校，以慷慨解囊捐獻經費。這是我當校長的另一種日常，也是最重要的工作之一。

我想，這就是微型獨中無法突破的一條生存鏈：怕學生不來讀書，於是只能收象徵性的學費，因此經費短缺，只能靠華社熱心人士及校董的捐款；因為經費短缺，所以學校無法有良好的硬體設施，也無法高薪聘請願意來偏鄉教學的老師，於是老師跟著短缺，教學品質因而下滑，導致學生成績不好，使家長不信任學校辦學，最終使願意送小孩來的家長人數受限。這也是為什麼很多人會好奇我當年會從一位台灣的高中歷史老師搖身一變，成為馬來西亞華文獨立中學校長的原因。這是一份錢少、事多、離家遠的工作。微型獨中永遠有師資不足的困難，除了缺老師，他們也缺校長。

尋求突破點，帶進新亮點

如果獨中不能以成績當賣點，那麼就只能培養品格教育以及學習新技能做為另一種辦學的思考方向。獨中學生畢業要考統考，這份統考文憑可以申請台灣或海外大專院校，但卻不被本國政府承認。因此大部分的獨中學生在高二的時候會先考馬來西亞教育文憑（Sijil Pelajaran Malaysia，簡稱SPM），高三時再考一份統考文憑；成績優秀的獨中生甚至會再加考馬來西亞高等教育文憑（Sijil Tinggi Persekolahan Malaysia，簡稱STPM）這個相當於英國A-Level等級的認可考試。

在城市的大型獨中競爭激烈，這三份文憑的成績是否亮眼是學校的招牌，但是對偏鄉的微型獨中來說，由於並不是所有的家長都這麼注重升學，很多學生都是唸完高中就回家幫忙，念獨中、拿一份統考文憑，對這裡的家長來說吸引力並不大。此外，拿統考文憑的學生畢業後不能進政府單位工作，也是家長不願捨政府中學而送孩子進獨中就讀的原因之一。

但是在中國市場崛起後，華語程度的好壞重要性與日俱增，越來越多原住民或印尼邊境的學生願意長途跋涉到砂拉越州的獨中就讀。前文也有提到，西連民眾中學便有一位比達友族的女學生每天凌晨三點起床，叔叔摸黑騎摩托車載她到公車站等第一班公車進到西連，然後再轉第二班公車到市區，再步行一段路到達學校。她的努力也顯示出微型獨中的影響力正在破除種族及地緣的界線，悄悄地發酵中。

微型中學的學生人數少，師生比例接近，因此對於學生行為的掌握以及與家長的溝通都會比較密切，使得品格教育是微型獨中相當重要的特質。此外，既然經費不足，設備較為簡陋，許多校務學生會一起幫忙，譬如粉刷教室牆面、除草、換濾水芯、幫忙製作道具，以及彩排募款表演活動，藉此培養學生對社區營造的關懷。美國教育學家約翰．杜威（John Dewey）「從做中學」（learning by doing）的理論，運用在微型獨中的辦學理念上相當適合，而這也是教育另一種深層的意義。微型獨中正在突破傳統的教育模式，形成另一種新風貌。

從留台到台灣經驗參照

馬來西亞的「哈台」風

在馬來西亞，衛星電視相當普遍，大多數的家庭都會裝設衛星收看來自中港台、印度、阿拉伯等地的電視節目。雖然近年來中國大陸的影視作品發展蓬勃，但當地的華人對於台灣的各項資訊仍然相當關心。以我過去在馬來西亞當地工作的觀察，他們的新聞台停在

TVBS頻道的機率很高；打開這邊的報章雜誌，也會發現常常半版的資訊都與台灣有關。有的時候，下午在馬來人開的小店喝飲料，還可以看到用馬來語（或印尼語）配音的台灣長壽鄉土劇在電視上播出。一切台灣正在流行的食衣住行，馬來西亞幾乎與我們同步。不論在西馬或是東馬，開口與當地人閒聊，他們若聽說你來自台灣，兩上的表情百分之九十九會很開心，散發出想再與你多聊兩句的氛圍。聽老一輩的馬來西亞人說起他們年輕時來台灣念書或是遊玩的台灣印象，是我在馬來西亞得到的珍貴記憶與體驗，也是馬來西亞給我的重要的人文印象。至於馬來西亞華人為什麼對台灣有著特殊的情感，大抵也是因為從清末到現代，血緣、業緣、地緣的關係延伸，外加投身華文教育的有志人士努力不懈在馬國扎根數十年的影響，讓我們與馬來西亞雖然有三至五個小時的飛行距離，但對於某方面的情感聯繫上卻是零時差。

從過去到現代，台灣一直有一些特質是馬來西亞華人願意來台灣接受教育的「吸力」。也許這些原因看在現代人的眼中與時代有些脫節，但自一九五〇年代以來，從已然蓬勃的僑生（外籍生）教育交流來看，這些「吸力」的確是有不可抹滅的影響：

一、僑教政策

台灣的僑教政策因兩岸數十年來政治環境的影響，一直都是政府作為重點發展的工作之一。僑務工作從清末算起至今已發展一百多年。辛亥革命成功，政府以海外華僑對於革命有極大之貢獻為由，相當看重僑務發展。民國十六年（一九二七年），南京國民政府設置華僑教育設計委員會，負責有關僑教事宜。民國二十年（一九三一年）成立僑務委員會；該委員會曾有一段時間因戰爭而裁撤相關業務，至民國四十四年（一九五五年）才重啟。

由上述簡略的僑教發展可知，僑教政策一直是政府重視的一環，而此政策也正是影響華僑來台求學的最大原因之一。一九五〇至六〇年代，因為中台之間的對抗，國民黨政府積極爭取僑民，欲壯大台灣的力量與資源，故僑生自然成為政府欲招攬的對象。政府給予獎學金、[4]保障名額、[5]設立海青班等不同的優惠措施，吸引僑生來台就讀。

二、台灣的社會與經濟環境

另一方面，台灣有屬於華文教育學習的環境優勢。過去中國因為政治上的封閉，很少有人至當地深造，但在上個世紀末，隨著中國的改革開放，也已經有不少海外華人將中國作為留學考量的地點，從「馬來西亞留台同學會」的枝繁葉茂到「留華同學會」也已然成立並開枝散葉。由此可探知出馬華社會至海外留學的脈動，但即使如此，「留台」風氣至今不衰，主要原因還是台灣的生活與日常開銷的CP值仍舊有其吸引力。

以一九五〇至六〇年代為例，當時吸引僑生來台就讀的最大因素，便數學費及生活費較便宜，平均兩個月只需一百五十馬幣（約一千台幣）的生活費就已足夠。而今雖然台灣的物價指數早已隨著經濟發展而水漲船高，但是若與歐美國家或是物價節節高升的中國及港澳相比，台灣的物價仍讓台灣在許多人眼中是較屬意留學的地點。

三、注音與發音

雖然馬來西亞華人使用的是簡體字，但這仍然不消減他們願意選擇來台灣學習繁體字的

4 台灣與美國尚有邦交時，美援給予台灣經濟上許多幫助，僑生也是美援的受惠者之一。政府將美援部分撥款作為僑生來台留學的獎學金，只要僑生來台，每人便可獲得一萬元至一萬五千元不等的獎學金。此外，當時的僑委會也會提供機票費用給來台就讀的僑生。這些經濟上的幫助，對當時多數成長背景不富裕的僑生來說，是一項極大的吸引力。

5 一九五〇至一九六〇年代的來台僑生，大部分都以台灣大學、政治大學、師範大學、中興大學、成功大學、國防醫學院等幾所大學為志願。以台大醫科為例，當時便提供百分之三十的比例供僑生就讀，並且自動報考的僑生能享有成績加權百分之二十五的優惠。以當年大學聯考錄取率甚低的年代，此種實質的優惠，令許多僑生都能進入理想的大學就讀。

意願。最大的原因在於，身處一個多元種族及不同語言的國家，華人的語言又包含不同的母語在內，譬如廣東話、潮州話、客家話、福州話等，使得當地的華語參雜了馬來語、方言及粵語。因此華語的正音成為一項重要的課題。由於台灣保留了注音符號學習文字的方法，相較中國以羅馬拼音的方式，注音符號的學習更能掌握中文發音的準確性。對於馬來西亞華人來說，台灣使用的標音系統有助於他們學習中文，實際上也有不少人以學習正確的中文發音為目標。再者，新一代的馬來西亞青年學子自小就是看著台灣節目或是港劇長大的，對於繁體字的熟悉度其實不若想像中的陌生。

四、留台教師的影響

在資訊尚未蓬勃發達的時代，居住海外的華僑對於到台灣升學的想法，多半是來自師長或家庭環境的影響。在一九七二年以前的馬來西亞，留台人士仍有機會受聘於政府中學教授華文，但在一九七三年以後，政府機構便不接受持有留台學歷的人士。因此在當地獨中面臨師資缺乏的問題時，不接受政府津貼的獨中便有機會優先錄用擁有較高華文水準的留台人士。發展至今，在馬來西亞的六十間獨中當中，留台老師的比例相當高，從三分之一到半數的比例均為常見。留台教師間接地傳達自己在台留學的經驗給學生。因此許多來台求學的學生們，對於「留台」經驗的瞭解，便是從這些老師們身上所取得的。

另一方面，身處東南亞華社的華人們，要傳承所謂符合中國人固有的傳統禮儀及文化，都需仰賴奉獻於華文教育的老師們，將中國人「根」的觀念繼續傳承下去。只要仍有人繼續為華文教育奮鬥，獨中便能持續在困境中發展茁壯，也會有更多學生在華文教育的培育下，邁向「留台」之路。

是外籍生還是僑生？

二〇〇九年，我曾經以西連民眾中學校長的身分，跟著馬來西亞其他獨中的校長或教務主任們來到台灣進行教育考察。為期一個星期的考察行程，第一站就來到僑委會聽取僑教政策的報告。會議中，僑委會基於政策需要，積極鼓吹在座的獨中教育者鼓勵學生來台灣求學時，申請「僑生」身分來台，如此一來便能獲得更優於「外籍生」的生活保障。不過台灣的大學教育相當重視國際化與外籍生的人數比例，所以對於台灣的公私立大學來說，反倒希望來自馬來西亞的學生都以申請「外籍生」為優先。這是我首次以台灣人的身分，但用馬來西亞的角度來看待台灣的僑教政策。也是到這時我才突然發現，若我從未換位思考，有些思考脈絡可能永遠不會被開啟。

那麼對於學生而言，他們想要選擇哪一種身分提出入學申請呢？在選擇好入台求學申請時使用的身分後，就終身就不能改變了，可說是「一日僑生，終身僑生」。僑生來台是由僑委會管轄，而外籍生來台則是受教育部管轄。台灣從民國四十七年（一九五六年）開始就設立「僑大先修班」，僑教政策實行到現在已經超過六十年。雖然這些馬來西亞僑生嚴格來說應該是華裔而不是華僑，因為他們的家族很多都是阿公的阿公的年代就已經移民到馬來西亞，不過僑委會對於僑生認定如下：

在海外出生連續居留迄今，或最近連續居留海外六年以上，並取得當地永久或長期居留證件回國就學之華裔學生。但申請回國就讀大學醫學、牙醫及中醫學系者，其連續居留年限為八年以上。僑生身分認定，由僑務委員會為之。

其實最關鍵的一句話就是：「僑生身分認定，由僑務委員會為之。」此外，僑生繳納的學雜費比照台灣學生，外籍生則要繳交較高額的費用。[6] 但外籍生可以獲得的獎學金比較吸引人，除了全額的學費補助之外，也會有生活補助，對於家境較不優渥的留學生來說是很大的誘因。

僑生先修部與海外青年訓練班

馬來西亞學生來台灣升學有很多選擇，包含個人申請、海外聯合分發、各校單招、申請僑生先修部等。大部分的人會選擇海外聯合分發，若未達錄取標準或未選填校系志願者，就會分發至僑生先修部。「各校單招」則是指大學校院自行招收外籍生。另外也有人會透過海外聯招會，自願申請至國立台灣師範大學僑生先修部就讀，隔年七月再依僑生先修部的結業成績及校系志願分發大學。

僑生先修部最早的名稱是僑生大學先修班，是台灣最早也是唯一辦理僑生大學先修教育的學府，創立於一九五五年，二〇〇六年與國立台灣師範大學合併，並且改制為台灣師範大

6 關於僑生與外籍生權益比較的資料可以參考海外聯合招生委員會公布之「僑生及外國學生來臺就讀大學校院之規定及權益對照表」。

學僑生先修部。以馬來西亞學生為例，可憑相當於高二參加政府的考試取得的馬來西亞教育文憑、高三考試取得的馬來西亞高等教育文憑，或是華文獨立中學所辦理的統考成績來台灣申請就讀。

僑生先修部的招生分為春季班與秋季班，在僑生先修部修讀一至兩個學期便可以依成績分發到台灣的各公私立大學。也就是說，一位馬來西亞的學生若想要就讀自己喜歡的校系，完成正規台灣四年制大學，到僑先部進修是許多人會遇到的必經過程。當然他們也可以憑藉原先在馬來西亞的各種考試文憑，依照海外聯合招生委員會的規定申請大學，但採計中文、英文、高級數學（或數學）、歷史、地理五科的成績，這方面是念華文獨立中學畢業的學生會比較吃香。

馬來西亞在教育觀念上不像台灣這麼重視人人一定要念大學才是一個學習之路的暫時終點，尤其是住在大城市之外的家長，反而會希望孩子高中畢業就先回到家裡幫忙，如果想要再進修，可以自己再做打算。因此，由僑務委員會全額補助學費的海外青年技術訓練班（以下簡稱海青班）就成為海外僑生的首選之一。台灣的公私立大學可以向僑委會申請招生類科，在通過教育部評鑑後，由學校設專人輔導管理並提供足夠的宿舍，成立海青班，招收海外學生。

海青班的教學內容很多元，以實務性觀光餐旅、烘焙烹飪、農漁養殖、機械技術等為主，而這些都是台灣技術類教育的強項，相當受到海外學子的歡迎。海青班只需要念兩年，便可以習得技藝與知識回到家鄉貢獻所學，有一技之長足以謀生。這也提供不甚擅長考試、家境有限的學生一個很好的學習機會。

馬來西亞留學，魅力何在？

台灣對於馬來西亞有「吸力」，同樣地近幾年也有越來越多台灣人選擇到馬來西亞念大學。那麼馬來西亞的「吸力」何在呢？最主要的原因就是留學成本遠低於歐美澳各國。

馬來西亞的優勢在於多元種族及移民社會的環境特質，使得精通多種語言者比比皆是。即使國家的國語是馬來語，課堂上以英語授課的比例仍相當高。此外，馬來西亞聯邦雖已是獨立國家，它目前仍是大英國協的成員國之一。有相當多英國、紐西蘭、澳洲等國家的大學在馬來西亞開設分校，舉例來說較為有名的有：諾丁漢大學（University of Nottingham）、南安普敦大學（University of Southampton）、蒙納士大學（Monash University）。若選擇來馬來西亞留學，學生可以用留學歐美費用的三分之一到四分之一，獲得世界均承認的大學文憑，再加上馬來西亞的生活開銷比台灣稍低，因此許多觸角敏銳，並且眼界較遠、不再將新加坡視為東南亞唯一選擇的年輕人，越來越傾向選擇到馬來西亞接受高等教育。

在馬來西亞開設分校的英紐澳大學，會以「三加一」、「二加二」等不同的組合讓學生選擇唸書的路徑。這是什麼意思呢？以四年制的大學來說，學生可以在馬來西亞的分校念三年或兩年，再到海外校區念一年或兩年，完成四年的學業。在馬來西亞念書，無論是學費或是生活費都遠低於英紐澳，所以不僅是台灣人，非洲學生、東南亞其他國家學生、甚至馬來西亞本國學生都趨之若鶩。

再者，在吉隆坡這樣的國際大都市，形形色色的人種與文化刺激遠比台灣豐富。在校內讀書期間，學生有很多機會與來自世界各國不同的學生交流與互動。加上馬來西亞的學校屬於英國學制，學期制與台灣不同；每年有三個學期，分別是一到四月、四到七月、七到十一月，省下了寒暑假的長假，縮短了求學時間，因此三年就可以拿到相當於學士的本科文憑。

華文教育的力量與未來

在殖民時期，殖民母國對殖民地的統治可能令當地的社會制度、文化、生活方式被當地人遺忘或摒棄，更習慣殖民母國的傳統與行事方法。在殖民母國離開殖民地之後，後殖民的批判開始發酵。前殖民地在經濟、政治上取得的獨立或成功，並不代表其在文化上確實取得真正的自主。人們對英語的態度就是最好的例子：為何新加坡人或香港人會覺得「說英文比較高級」？或許就是因為這兩個地方皆受過英國殖民統治，說英文等於高級的意識形態已經形成普遍意識。但東南亞是海外華人最集中的區域，以儒家文化為主導的中華文化在當地華人社會發揮了重要的作用，因此在新加坡、馬來西亞乃至越南等地，都曾經出現過蓬勃的儒家研究。

面對後殖民的批判，過去以新加坡總理李光耀為首的東亞領袖曾提出「亞洲價值」來回應。東亞國家有共用「儒家主義價值」的特色，即「重視家庭」、「社會利益高於個人利益」、「好政府」三個主要內涵。[3] 儒家主義與亞洲價值間具有「內在聯繫關係」；前馬來西亞首相的馬哈迪認為，透過良善治理、家庭的神聖性、多樣性的寬容、對弱者和不幸者的同情，可以促成社會和諧，因此他相信亞洲價值方法的有效性，也支持亞洲價值的理念。作為一位在馬來人至上國家的非華人領袖，馬哈迪認同亞洲價值內的儒家精神，雖然動機耐人尋味，卻也令人反思儒家思想最重要的價值為何，以及這樣的價值何以使位處於不同年代與地域間的華人都能以儒家文化為一種自豪感的來源。

馬來西亞華人社會中的「祖國」意識與族群認同一直以來都是學界熱衷探討的問題。隨著早期所謂的「華僑」開枝散葉，當今馬華社會當中的中生代至年輕世代多半認為自己是「馬來西亞人」，意即國籍為馬來西亞，但祖籍是中國，這當中的祖籍意識是文化基因大於血統基因的認定。而中華文化最強大的基因莫過於儒家思想的傳承，以華夷之辨的傳統準則來看，「華」高於「夷」，這也是為什麼馬來西亞華人即使已經在馬來西亞落地生根，但仍不放棄傳承中華文化，將其視為身為公民的第二義務的原因。[7]在當地的華人社會中，並無制度上的「君」來規定或要求華人捍衛傳統，但是儒家思想中的王道精神、中庸之道及忠恕之道是中華文化最堅不可摧的核心，使得對文化傳承的重視，即使過了兩千年，仍然在無形中影響著華人世界。家庭教育及中華文化教育的傳承，成為一股堅定的力量，讓馬來西亞華人保持著不斷「再華化」的特性。這股力量讓他們維護並發展完整的華文教育系統，同時也是讓他們不同於其他東南亞國家華人的原因。

台灣與馬來西亞在移工議題上的經驗參照

從上世紀以來的移民社會到現在，華人已然在馬來西亞擁有一片天，成為大馬之組成分子與公民。反觀在馬來西亞的東南亞移工，十幾年來依然如同異鄉人。在台灣也有同樣的情形；為引進更低廉的勞力成本，台灣的外勞大多是服務於安養照護、工廠，截至二〇一九年八月，在台外籍移工已達七十一萬一千零一人，[4]甚至比台灣原住民的五十六萬九千六百七十七人更多，[5]代表台灣每四十個人之中就有一個是外籍移工。他們儼然是難以忽視的群體。台灣開始關注移工的問題；也是這十多年來的議題。雖然在法律的保障上尚不夠完善，但社會上有許多人在各地推動移工的在地化、移工的勞工保障、移工的文化交流等等運動。我們能見到移工在某些地區落腳，建立了明顯的社群。在移工處境這方

7 從馬來西亞華人口中常聽到「窮不能窮教育」。在許多華人心中，捐款給華教是除了盡公民義務繳稅之外，身為華人的第二項稅務。

面，台灣和馬來西亞都不約而同地面對了類似的問題，台灣對移工的保障不完美，可是已有了基本形制，反觀馬來西亞的移工狀況尚待更多人去關心。

根據馬來西亞移民局的統計，以大馬三千萬人口來計算，每五個人當中就有一名外籍移工。在本地居住的外籍移工的合法人數約為兩百萬人，但不合法的人數大抵超過這個數字。如果保守地以三百萬名外籍移工的人數進行統計，外籍移工就占了大馬總人口的百分之十。根據馬來西亞首相署經濟策劃處統計數據顯示，來到馬來西亞的移工主要來源國為印尼，其他依次為尼泊爾、孟加拉、印度、緬甸等。[6]這僅是檯面上的數字，有更多的移工是非法勞工，他們並未用正規的途徑來到馬來西亞，常面臨低薪、環境惡劣、語言不通、求助無門等各種狀況。在種種壓迫和未受保障的環境下，他們在馬來西亞幾乎沒有人權和生存空間，而大馬政府也未展現相當的魄力解決移工問題。

在台灣，有越來越多社群為移工與新住民發聲。近幾年來，東南亞獨立書店的出現為台灣的藝文空間注入新的樣貌。從藝文講堂、語言學習、平面與動態的媒體，台灣的有志青年用不同的方式激盪出火花，讓移工及新住民的社群被更多人看見。在馬來西亞，這樣的努力與嘗試才剛剛發酵：以吉隆坡的「亞答屋八十四號圖書館」[8]為例，他們企圖在關心政治以外的領域，活絡地方的知識生產並在批判思考上激盪出火花。這群年輕人想跳脫過去傳統華人社群以華人社團組織作為核心的模式，希望從自己的成長背景，重新尋找出屬於吉隆坡這座城市的內涵，為吉隆坡重新注入新的生命力。也許就是在這樣的想法之下，他們關心華人以外的社會現況，進行了一個名為「他者資料庫」的計畫，整理了吉隆坡的移工社群現況。這樣的計畫與台灣近年所謂的東南亞獨立書店的願景有異曲同工之妙。

從舊時代的華人移民到現在大馬的新移工，同樣的「移入」卻在不同的世代產生不同的樣貌。在移工議題上，台灣暫時走得較前面，如果能將台灣經驗和大馬同樣關注移工問題的人分享，相信也會是除了「留台」與「留馬」議題之外，另一種文化比較與參照的範本。

8 位於吉隆坡甘榜亞答（Kampung Attap）的「亞答屋八十四號圖書館」是由「業餘者、之間文化實驗室、區秀詒工作室」於二〇一七年共同組成。這座圖書館提供文化研究、藝術與人文科學等不同領域的書籍與交流，也是閱讀、講座、工作坊、讀書會、出版及藝文工作者進駐的場域。詳參柯念璞，〈專訪亞答屋八十四號圖書館—關於「他者資料庫」〉，《數位荒原》，二〇一七年九月二十七日，https://www.heath.tw/nml-article/an-interview-with-rumah-attap-library-archive-of-the-other-mapping-project/

第九章

從一盤「辣死你媽」，吃到馬來西亞飲食文化的核心

從殖民時期開始，英國人在管理殖民地上最擅長的方法就是所謂的「族群分治」。馬來西亞華人從政策上到宗教上，長期與馬來人壁壘分明，導致建國至今超過六十年，馬來西亞華人持續透過各種方法積極保有自己原鄉的語言、文化、傳統，在以多元文化為核心的馬來西亞，奮力地保持著中華文化的獨特性。

但在潛移默化中，馬來西亞華人飲食也發展出不同於原鄉的特色。這一章要介紹的就是不同籍貫的華人移民來到馬來西亞之後，在飲食上經過長時間的涵化而產生大馬華人飲食特有的「地方性」，使其飲食既不同於原鄉也不同於其他華人社會。大馬華人雖身處馬來人的國家，也經歷西方殖民勢力的治理，但華人飲食依然屹立不搖，許多美食就連馬來人、印度人及原住民都樂於品嚐。

「辣死你媽」是什麼？可以吃嗎？

《辣死你媽》（*Nasi Lemak 2.0*）是馬來西亞鬼才導演黃明志在二〇一一年的賣座電

影，該片曾經在同年的台灣金馬影展上被列為參展影片。黃明志畢業於台灣的銘傳大學，從網路創作歌手起家，同時也拍電影。《辣死你媽》是他的第一部作品，在馬來西亞七十多家戲院上映。

身為台灣人的我們，大多不清楚可以在七十多家戲院上映的重要性。實際上，馬來西亞的電影政策規定，一部電影必須要有百分之六十以上的馬來語才能算是馬來西亞本土電影，也才有優先權可以在電影院中最大的影廳連映兩週。[1]因此《辣死你媽》這部片不符合本土電影標準，卻可以在限制條件下上映多家戲院並成為賣座片，實屬不易。

辣死你媽其實就是椰漿飯，取自其馬來文Nasi Lemak的諧音，是馬來西亞的國民美食。這道菜可以是很庶民的街邊小吃，簡單地以油紙將米、黃瓜、小魚乾、花生粒包成三角粽的形狀，附上一根短短的湯匙，讓人可以隨時帶著吃。它也可以很豪華地裝盤並放上澎派的炸

1 這項「強制上映制度」，後來因為爭議頗多，政策也稍做修改：若首四天連續公映的觀眾人數未達該影廳座位的百分之三十，影院可將該電影轉到較小的影廳放映。若首三天連續公映，觀眾人數低於百分之十五，影院有權將影片下片。詳參梁友瑄，〈怎樣叫「本土」？馬來西亞電影政策教了我們什麼〉，《關鍵評論網》，二〇一四年八月二十日，http://www.thenewslens.com/post/63976/

雞塊及水煮蛋，變成高級餐廳裡的一道美食。但是無論是兩塊馬幣或是二十馬幣起跳的辣死你媽，最重要的靈魂就是那一匙「參巴醬」（sambal）。

參巴醬是新加坡、馬來西亞、印尼這幾個地方的特有辣椒醬。過去還未有完整國界的概念時，這些地方本就屬於同一個文化圈並且互相影響。這個以辣椒泥為主，並加入柑橘、紅蔥、糖及各種香料的醬料，有的時候還會加上甜醬油或是果鹽，味道千變萬化，但是萬變不離其宗的就是，它是一個將各種文化巧妙融合為一體的關鍵。只要加上這一匙，在新馬印，什麼東西都會變得很對味。

導演黃明志在《辣死你媽》中也藉由這道美食來表達馬來西亞華人的身分認同，以及大馬一直強調的多元種族文化與融合。電影裡面出現的語言相當多，直接向觀眾呈現了馬來西亞的多元種族文化。華人講的廣東話、潮州話與客家話，加上馬來文、英文、南印度的淡米爾語，夾雜馬來西亞華人講話特有的腔調與用語，各種語言的聲音交錯在電影的各個鏡頭之下，簡單卻拍出了原汁原味的馬來西亞。

這部電影以食物為主題，讓角色在找尋食物最純粹美味的過程中，走訪馬來西亞獨特的城市風景，譬如在隨處可見的華人檔中吃著最常見的炒粿條、到充滿娘惹文化的馬六甲學習娘惹料理，還有穿插鄭和的KUSO場面，再到南印度的香料師家中，學習做出代表自己獨特味道的Masala（綜合香料）。電影的最後畫面來到馬來人的家中，安排一位曾經到華文獨立中學念書的馬來婦女背幾句唐詩，也反映有更多馬來人及印度人到華文獨立中學學習華語的現況。雖然後來馬來西亞喊的口號「Satu Malaysia」（一個馬來西亞）仍是以馬來人為主導出發，但是對於像我這樣一個曾經在馬來西亞居住過的外國人而言，再次看到這樣的電影，其實對電影中的許多元素都非常地有共鳴。

馬來西亞華人的必吃年菜：撈生

撈生（用廣東話發音）又名七彩撈生，是把好幾樣食材放在一起，加上類似冬筍餅味道的餅乾，跟酸甜醬拌在一起，用筷子撈越高來攪拌，代表今年會一路發。在撈的過程中，福建人會喊著「發！發！發」，廣東人則是會說「撈起！撈起！撈起」，再搭配「飲勝」文化，[2]過年熱鬧的氣氛相當濃厚。

撈生裡的每一種材料都有其吉祥含意。紅蘿蔔絲象徵鴻運當頭，生魚片象徵年年有餘，青木瓜絲象徵青春永駐，堅果、花生碎粒及餅乾脆片象徵遍地黃金，五香粉及胡椒粉象徵五福臨門，香油象徵財源滾滾，酸甜醬及酸桔汁則象徵甜甜蜜蜜。有一些更「澎湃」的作法，會放入醃薑片、芒果乾等，讓撈生的材料更豐富。不過這道菜基本上就是把蔬菜類及生魚片清洗處理後擺盤，撒上花生片及脆片，再淋上香油跟醬汁，就可以用筷子熱熱鬧鬧的大「撈」一番了。撈得越熱烈今年就會越有好彩頭。

撈生是大年初七「人節」必吃的食物。相傳女媧娘娘在第七天造出了人，於是這天是人類的生日。西漢詞賦家東方朔在《占書》中提到：「歲正月一日占　，二日占狗，三日占豬，四日占羊，五日占牛，六日占馬，七日占人，八日占穀。」如果當天氣候晴朗，對應的生物就會興旺，出入平安。所以漢朝以後，初七人日開始成為節慶中的一環，至魏晉以降習俗活動漸多熱鬧。而新馬一帶華人吃七彩撈生的習俗就是從中國南方傳至當地，成為馬來西亞華人社會代表的年節文化。

在馬來西亞，一個完整的農曆新年是要從除夕一直過到正月十五元宵節以後，才算是完整的過完年。過去在東馬生活的經驗，讓我體驗了當地華人保存的傳統年味。走春拜年，每個家庭會準備豐盛的年節零食與點心，譬如製作工序繁複的阿渣（Acar）[3]配蝦片以及在半夜就起床現做現烤的餅乾，隨時等著來按門鈴的朋友一同享用。寫書法、舞龍舞獅，這些在台灣的新年街頭漸漸看不到的活動，現在還能在馬來西亞的街頭看見，或許也讓時常感嘆台灣已經失去許多傳統年味的人感到油然而生的溫馨與驚喜。在馬來西亞跟著華人朋友一起過新年，讓習慣過完初三就準備要收拾心情開工的台灣人有種大開眼界的感覺。

2 大馬華人雖有不同籍貫及方言，但廣東話算是方言中的強勢語言，因此許多通用的詞彙均以廣東話發音，這裡提到的「飲勝」就是乾杯的廣東話發音。在馬來西亞乾杯的時候除了說「飲勝」之外，後面的「勝」字如果尾音拉得越長，越能代表心想事成的好運。

3 阿渣是一種娘惹的小食，Acar是醃的意思。娘惹會用黃瓜、紅蘿蔔等蔬菜抓鹽出水，混合辣椒、醋、糖、花生粉（粒），醃上一天就成了一道開胃的小菜。過年的時候，不只娘惹會吃這道菜，華人甚至馬來人也都會吃，而且會沾著蝦餅一起吃，很涮嘴。

客家美食

●茶果與菜粄

過去我任教的砂拉越州西連民眾中學地處以原住民為主的西連小鎮。不過小鎮上看見的華人幾乎都是客家人，說著道地的河婆客家話，讓來自台灣平鎮說著四線腔的我花了一段時間才適應。由於地處偏鄉的山中小鎮，生活環境的硬體設施相當簡陋，讓我因為充滿了不服輸及懷念舒適圈的心情，每日都在矛盾中打轉。但記得當時每回開校董會議的時候，總是有一位校董拿著自己販售的道地客家菜粄作為會議點心。白色的是炒韭菜的鹹餡，土黃色的則是花生的甜餡。一口咬下軟嫩Q外皮的菜粄，化在心中的是一種客家鄉愁。在我的桃園家鄉，小時候過年也可以吃到這樣的味道，稍稍沖淡了我的傷感。

客家人是做「粄」的高手，客家人說的粄，類似潮州話和福建話中的「粿」或是廣東人說的「糕」。在馬來西亞的客家人會把各種的甜粄和鹹粄統稱為「茶果」，[4]茶果的內餡可甜可鹹，客家人單憑外皮的顏色就大概能猜出內餡的口味。在客家文化中，這道美食並不是閒來附庸風雅的下午茶點心，而是為了不浪費食物，在食物保存不易的年代經由加工食品、延長食品的賞味期，完全展現了傳統客家人勤儉、珍惜食物的天性。

●客家擂茶

全世界的河婆客家人約三十萬人，其中有十五萬人都在馬來西亞，其大本營位於東馬的古晉與美里，其他則分布在霹靂州及雪蘭莪州一帶。

大年初七的人節這天除了會有傳統新年菜餚撈生之外，對於河婆客家人來說也是吃客家擂茶的日子。河婆客家人的擂茶不同於台灣客家小鎮中的搗擂茶，是紮實的配菜與飯，並且加入特別熬製的擂茶湯。他們會以七種不同的蔬菜搭配米飯，再拌上擂茶湯，將人節當天吃的七菜羹改成用七種菜烹調而成的擂茶，以期待來年的大豐收。早期的客家擂茶搭配的不是白米飯，而是蒲米。如果大家有吃過街邊小吃「爆米香」就會知道蒲米的口感。

在製作客家擂茶時，通常被選用的蔬菜有長豆、樹仔菜、韭菜、芥藍、菜心等，再搭炒豆乾、蝦米、花生與菜脯，而關鍵美味就是旁邊的那一碗擂茶湯。熬煮擂茶湯時，需要將

4 茶果最早是廣東地區因為祭祀而製作的點心，但隨著華人移民至海外，在節慶製作茶果的傳統還在，但茶果已經融入華人日常的飲食當中，成為一種日常的食物。

薄荷葉、艾草、紫蘇、綠茶葉、九層塔、苦粒心等材料加入陶製的「擂缽」，並用芭樂的樹幹或油茶樹的樹幹製成的「擂杵」，以轉圈圈的方式將食材磨碎，然後再沖入一大壺的熱開水，養生且有助健康的擂茶湯就完成了。

在馬來西亞的客家擂茶檔口，老闆會問你喜歡苦一點的還是普通的湯，會酌量加減擂茶湯中的食材比例。自從在馬來西亞嚐過客家擂茶的滋味之後，台灣因應觀光的目的，讓大家自己動手將芝麻、南瓜子、花生、綠茶茶葉以及擂茶粉等搗成粉後沖入熱水的台式擂茶再也走不進我的內心了。在台灣，客家擂茶不是一般庶民的日常飲食，而是為了推廣客家文化而衍生出的產品，相較於遠在東南亞的馬來西亞華人社會，這樣保持傳統的精神在生活中處處可見，更值得珍惜。

●釀豆腐

在台灣，要能夠在隨意坊間的小吃店找到釀豆腐或是賣著各式手工釀料的店家幾乎不太可能。若要探究原因，大概是因為早期的台灣客家人物資缺乏，住在靠山的丘陵地不易取得海鮮，因此有著精緻做工、鑲嵌絞肉的釀豆腐或魚漿做成的各種變化款的釀料並不常見。但這種傳統美食，卻可以在馬來西亞客家人聚居較多的州看到。在西馬的怡保、芙蓉或是吉隆坡，抑或是東馬的沙巴和砂拉越，人們對釀豆腐肯定不陌生，而釀豆腐本來就是在閩粵客家原鄉的代表名菜。

在大馬的一些咖啡店或茶室，[5]可以看見販賣釀豆腐的店家。要不發現這些店的存在也很難，因為通常它們也會販售琳瑯滿目的手工釀料：魚漿鑲嵌在秋葵、辣椒、茄子、青椒、苦瓜等各種顏色鮮豔的蔬菜上，一字排開，讓人很難不食指大動。客人通常會自己夾取想要的釀料，直接交給店家，最後店家會切好釀料舀入高湯，再給你一小碟醬料，讓你品嚐客家釀料與釀豆腐的清甜口感。

5 這裡所說的咖啡店不同於台灣人認為的咖啡館，而是指在新馬一帶才有的傳統的熟食中心。因為每一家熟食中心都一定會有賣咖啡飲品的鋪子，所以這樣的店被統稱作咖啡店，而最好吃的庶民美食也都在這些店鋪當中。

福建美食

●肉骨茶

距離吉隆坡約半小時車程的巴生是福建美食肉骨茶的發源地。雖然巴生有一條熱鬧的印度街，但由於早期華人在這裡開採錫礦的緣故，華人美食也同樣強強滾。在巴生火車站旁就有一間正宗的「盛發肉骨茶」，是肉骨茶創始人李文地的後代所持續經營的店家，目前已傳至第三代。他當年以藥膳入湯所熬出的肉骨湯，為做苦力的華人提供一天足夠的營養與飽足感，闖出名號後，大家就開始稱呼他為「肉骨地」，久而久之諧音就成為「肉骨茶」（Bak Kut Teh）[6]這道新馬華人美食的名稱了。

肉骨茶的原型可以追溯到福建。來自福建永春的移民，將自家擅長的燉排骨帶入了當時的馬來亞。目前全世界的永春人約有一百七十萬人，其中七十萬人都在今天的馬來西亞，而這道原鄉燉排骨的手藝，也隨著華人來到馬來亞。他們就地取材，以順手可得的肉骨與散落的藥材，煮成一大鍋湯。清末民初的華人苦力將這道原先並不特別的燉排骨，印上了特別的飲食符號，成為肉骨茶，也成為馬來西亞福建美食代表作之一。

除了福建永春的移民會烹煮肉骨茶之外，潮汕人也很擅長，因此肉骨茶還能再細分成福建口味及潮汕口味。福建人吃什麼東西都喜歡加入黑醬油，這個可以從有著黑色麵條的福建炒麵窺知一二。所以黑色的湯底，並且有濃醇香的中藥膳味，配上部位各異的肉骨（大骨、小骨、腳彎、豬腩、五花骨），再加上油條、蔬菜、凍豆腐等配料，就是一碗熱呼呼的福建肉骨茶了。早餐就來碗肉骨茶是巴生人的日常。熟客會自己存放喜歡的茶葉在店家，一邊喝肉骨湯配白飯一邊品茶解膩，是最大的享受。

在馬來西亞，好吃的東西大多集中在早餐與夜市，所以想吃到好吃的肉骨茶就需要在中午以前來報到，才不致撲空。大部分的肉骨茶老店都只有早市，賣完即收鋪，但位在巴生甘榜美食中心對面的「大肥婆肉骨茶」就是少數有做午市生意的。而肉骨茶在巴生的蓬勃發展使各店各出奇招，譬如在品項上增加了受到廣東砂鍋煲作法影響而誕生的乾式肉骨茶。炒得乾香的魷魚是乾肉骨茶的靈魂元素，不過當然也有死忠派的湯式肉骨茶支持者對於乾式肉骨茶嗤之以鼻。此外，豬腳醋也是變化款品項之一，它在廣東原鄉被稱作豬腳薑醋，是用麻油

6 有一說指出，吃肉骨湯的時候會配茶，因為茶與地發音類似，於是就合稱肉骨茶了。

翻炒生薑，再與浙江醋及黑醋用一比一的比例大火煮滾，接著放置隔夜後與川燙後的豬腳一起燉煮。在過去，這道菜是婦女坐月子會吃的食物，而產自馬來西亞彭亨州的文冬薑遠近馳名，用它來做豬腳醋是最適合不過的。由此可見，許多賣肉骨茶的旺鋪延伸出的菜色依然受到廣大的群眾喜愛。

至於潮州人多的地區則會有所謂的潮州肉骨茶，也同樣以藥材及肉骨熬湯，因為不放黑醬油而使得湯頭較白，特色配料是處理相當乾淨的豬腸，其工序相當繁複，會一層又一層的套腸，橫切面看起來非常厲害；另外，手工的豬肉丸子也相當鮮美。這樣的吃法是在福建人多的巴生比較看不到。位在沙巴亞庇加雅街裡的「佑記肉骨茶」，是潮州肉骨茶的人氣名店；每天傍晚開始人潮絡繹不絕，在外面排隊等位子是家常便飯的情景。

另一方面，新加坡的肉骨茶的湯頭偏白，並且會加入比較多的胡椒粉提味，有一大批死心塌地的老饕就喜歡這一味。著名的「黃亞細肉骨茶」也已經到台灣開店，滿足台灣饕客的味覺了。

●福建炒麵與福州乾盤麵

位在吉隆坡茨廠街的「金蓮記」是福建炒麵的老店，從上個世紀開始這裡就門庭若市，從庶民到大明星都喜歡這一味。福建炒麵的麵條有別於我們在台灣看到的各種粗細的麵條，介於麵條和米苔目之間Q滑的口感，大火快炒時除了要多次加入黑醬油上色，還得用炭火來炒才會特別有香氣。而這道菜讓人齒頰留香的還有豬油渣這個秘密武器；在講究飲食清淡健康的台灣，已經沒有那麼多標榜豬油香氣的美食上場，但這種華人飲食的老味道卻保留在馬來西亞的庶民小吃當中。

福建人喜歡用黑醬油，什麼東西都要加黑醬油看起來才美味，也因此在福建人較多的檳城，許多原來並非福建的美食，為了吸引福建人的喜愛都會改採黑醬油上色，增添「以黑為美」的食物賣相。台灣人可能會擔心顏色這麼深的食物是不是很鹹，但黑醬油除了味道醇厚之外，還多了台灣醬油比較不常見的甘甜味。在大馬的熟食中心或咖啡店，老闆附上一小碟切著蒜末與辣椒末、搭配黑醬油的沾醬，是品嚐華人庶民美食的一大提味良伴。

馬來西亞的華人美食最有趣的一點是，很多東西在他們自己的原鄉是找不到的。就像這盤福建炒麵，在福建是吃不到的，想吃就得來馬來西亞。上個世紀初，福建移民王金蓮炒得一手好麵，但麵好吃卻沒有響亮名號，想起他自己是從福建來到馬來西亞，就將這盤炒麵命名為「福建麵」，並從此流傳開來。到現在，福建麵已然不是只有街邊或小吃鋪才賣的料理，大餐館也都會有福建炒麵這道菜。

無獨有偶，福建沒有、得要到馬來西亞才吃得到的美食還有這一味：乾盤麵。位在東馬砂拉越州的詩巫是福州人的大本營。在詩巫的華人天天以乾盤麵當早餐，百吃不膩的大有人在。到了詩巫沒吃過乾盤麵，等於沒來過詩巫。

這盤乾盤麵把沒有加過鹼水的麵條與豬油、紅蔥頭油、加了辣椒的醬油拌開，撒上肉末與青蔥，再配上幾片叉燒肉和一碗雲吞湯，就是詩巫人最正宗的一餐。它是早期在詩巫墾荒的勞動者最方便的麵食，早餐一盤元氣滿滿。

潮州美食

炒粿條（char kuey teow）是在馬來西亞必吃的庶民潮州美食。炒粿條從潮州人開始發揚光大，不只新馬，泰國也有為數眾多的潮州人，所以泰式美食中也有泰式炒粿條。以最有名的檳城炒粿條來說，配合前面所說的福建人喜歡「以黑為美」的口味，加入黑醬油的檳城炒粿重視大火熱鍋快炒，其鑊氣是這道菜的靈魂。他們在配料上喜歡加入蝦仁、蝌蚶（又稱血蚶）、雞蛋（或鴨蛋）及豆芽菜，成品帶有濃亮色澤，加上甜鹹香的鑊氣，是馬來西亞潮州口味必吃的美食。

喜歡熱炒的炒粿條之外，重視湯底的潮州粿條湯也是一絕。我在怡保吃過一碗味道非常鮮美的魚丸河粉，當時的店家把這碗美食稱作「河嘻」。我當時就在想「河嘻」這個神奇名字到底從何而來。後來知道潮州人擅長做手工魚丸，也會用魚來熬製湯底，用魚肉做魚漿、手工魚丸、魚板、魚餃。台灣人通常會很簡單地將用這些食材做出的料理稱做魚丸河粉。但是馬來西亞華人來自四面八方，對於一樣的食物有各種不同稱呼。譬如這碗單純的魚丸河粉，潮州人會稱作「魚丸粿條湯」，但在吉隆坡一帶會被稱「西刀魚丸」，在馬六甲則是「魚餃麵」，而魚丸的潮州話發音是Huyee，因此廣東人就把它的譯音寫成河嘻了。

除了各種粿條之外，肉粥與蠔煎也是潮州小吃。台灣人熟悉台式的清粥與廣東粥。南方的粥文化各有不同；廣東粥的配料多，是以料養粥，粥底以高湯代替清水煮成，這點是與台灣清粥最大的不同。而潮汕的白粥在製作時則是會在米粒與清水中加入腐竹，形成特有的香氣；在古晉的老巴剎有一間經營近半世紀的「松興肉粥」，其招牌就是基本粥底再加入蛋和豬肉。當然你也可以選擇白粥底再配上小菜，這也是潮州粥的吃法。

此外，台灣有出名的蚵仔煎，潮州也有出名的蠔煎（又稱蠔烙）。潮州蠔煎的口感與台灣的蚵仔煎大不相同，講究的就是酥脆鹹香的口感。所謂「烙」就是用鍋鏟在圓形的鍋中煎食物。潮州蠔煎的粉漿以番薯粉製成，所以成品的口感沒有台式的那麼滑溜，但下鍋時將蚵仔、蔥、芫荽、胡椒粉、魚露等拌勻，煎出來的蠔煎香酥而不油膩，分量不小，端上桌時香氣四溢，賣相不錯。

海南咖啡與移民

「夢在前頭，一起走向港口，幾十年回首，已經灰白了頭。百尺竿頭，不向命運低頭，轉動咖啡豆，阿公的雙手。」黃明志的〈海南饒舌〉唱盡了海南移民到馬來西亞打拚的真情歲月。他的阿公來自中國海南，到了馬來西亞從事的工作，就像許多其他海南人到南洋所做的工作一樣，大多數都跟吃的有關。黃明志在這首歌裡也這麼唱道：「海南人講海南話，海南咖啡真好喝。海南人的一種風度，就是先學如何吃苦。海南人講海南話，海南咖啡真好喝，雖然已經換地方住，不變的是一種態度。」海南咖啡與海南雞飯是新馬一帶人人喜愛的庶民美食，但是為什麼海南人的工作與食物有這麼密切的關聯？這要從馬來西亞華人的業緣社會開始說起。

在十九世紀的時候，研究人口遷移的學者提出「推拉理論」，說明人口流動的目的是為了改善生活現況。同時期的清末，正面臨戰亂及天災人禍，加上閩粵一帶平原少丘陵地多的地理特性，已經破四億人口的中國，早就無法滿足人人有地可耕得溫飽的基本需求。下南洋成為中國東南沿海百姓的一條出路。上百年來，從福建、廣東、廣西、海南等地遷徙至今天的馬來西亞的華人，發展至今形成了七百四十萬人口，占全馬人口約百分之二十三。[1]

在這數百萬的人口當中，來自福建的占最多數，其中來自漳州和泉州的閩南人是最早來到馬來半島及婆羅洲從事橡膠種植與開礦墾荒等工作的華人。這些閩南籍的移民在開墾與橡膠種植之後，轉做批發商與貿易商的也不在少數。而來自閩東的福州人更是其中經商的佼佼者，至今有許多銀行與大型企業的華商祖籍都是福州。在福建族群當中還有來自莆田的興化人，人數相對比較少；莆田在今天的中國是醫美醫療重鎮，但近百年來從這裡移民到馬來西亞的華人則多數從事與交通有關的行業，譬如摩托車、腳踏車與汽車零件等，資本雄厚一點的就當車行老闆或是進口車的代理商，在街上看見修理各種跟車子有關的店家，許多都來自興化。[2]

其次來到這裡的是廣東人，這當中又有潮州人、廣府人與客家族群，他們大多從事農業，種植胡椒或甘蔗。潮州人除了從事農業之外，也有不少人擔任燒炭工、石工；操粵語的廣府人則在製磚、造船、木匠、工匠及經營茶樓生意方面有不錯的發展。客家人除了務農之外，在經營雜貨、藥材等行業方面也有許多佼佼者，從西馬到東馬更是有許多人因開闢墾場與開礦而發達。此外，轉而經商朝多元發展的知名人士也不乏客家人，例如眾所周知的吉隆坡王葉亞來、帶領客家人建立蘭芳公司的羅芳伯等。[7]

而海南人來到南洋的時間較晚，在百業大致上都被其他族群占據山頭之後，他們就成為殖民者或土生華人的廚師，因此海南人多半從事飲食業。新馬飲食文化的核心「咖啡店」（Kopitiam）就是海南人的大本營。

●海南咖啡與海南燒麵包

黃明志在〈海南饒舌〉中唱道：「我阿公，七十年前帶十一塊，草帽短褲，坐船過海陸，跟舅來到這裡，做麼工都不怕苦，Roti加椰牛油，一杯杯咖啡烏。」海南咖啡的賣相往往就是一杯很有歲月痕跡的咖啡杯，在碟子上放一支調羹，小碟子上還有濺出來的咖啡。當你還在懷疑是不是老闆粗手粗腳，所以咖啡都撒了出來時，卻能看見旁邊的人自在地以口就盤地喝起咖啡來。

這是藏在海南咖啡背後的另一種心情滋味。過去這些海南人在當幫傭的時候，也想學主人家的風雅，但是咖啡燙口，趕著喝完咖啡就要去工作的他們，為了想要兩全其美，就會用調羹加速散熱，有的人還會把咖啡倒在小碟上直接喝下去。在東南亞種植的咖啡豆大多屬於羅布斯塔豆，相較台灣人習慣的阿拉比卡咖啡豆來說，羅布斯塔豆的味道極為醇厚，單喝黑咖啡不加糖的口感苦澀，因此許多喜歡喝Kopi C（黑咖啡加奶）的人，習慣先在杯子裡放入

7 根據馬來亞聯邦政府勞工部一九四八年的報告書，當時聯邦內各籍華人的職業情況如下：一、閩南幫：樹膠工廠、裝卸貨、駁船、採石、燒磚、木匠、泥水匠、黃梨及碩莪工廠、火鋸、搬運夫、出入口商；二、廣府幫：機器、木匠、樹膠工廠、藤工、打金、製革、茶樓；三、潮州幫：製鞋、漁夫、籐器、火鋸、駁船、京果什雜貨；四、客家幫：製鞋、籐器、洋鐵用具、藥材、當鋪業；五、海南幫：樹膠工廠、麵包、餅乾、海員、室內服務、茶樓；六、興化、福州、福清三地華僑華人：醬油、海員、修理腳踏車及輪胎翻新。詳參石滄金，〈馬來西亞華人業緣性社團發展簡析〉，《華僑華人經濟與社會》二〇〇四年第二期，頁三。

奶水及煉乳，再倒入手沖煮好的黑咖啡。據說從先倒奶還是先倒咖啡的順序，也可以看出你是出身庶民家庭還是上流社會家庭；後者喝咖啡的時間充裕，加上使用的杯具較好，將滾燙咖啡先於牛奶倒入杯子裡時，杯子不會因此而裂掉，換作前者反而就得先倒奶來降溫了。

咖啡配上吐司這樣西化的早餐是過去殖民者的喜好。海南人將之發揚光大之後，不管是蒸出來的吐司或是烤出來的吐司，都會塗上一層咖椰醬（Kaya）跟一片奶油。這種燒麵包只要標榜「海南」二字就保證好吃。別懷疑，在馬來西亞吃吐司，很少可以吃到咖椰醬以外的口味。

8

●海南雞飯

「講話Style不相同，Slang又不相同，海南雞飯不相同，我們放黑豆汁，坐在這裡咖啡店，讓我來跟他講，我們的咖啡，沒放三聚氰胺。」新馬的海南雞飯源於海南的文昌雞。正如〈海南饒舌〉中的歌詞所說，這裡的海南雞飯與原鄉最大的不同，大概就是搭配著黑醬油、薑蓉、辣椒與蒜蓉的調味料。用心的店家甚至會用燙雞後的高湯拿來和著蒜蓉辣椒，作成特製的辣椒醬，搭配燙得恰到好處、切工完美的海南雞上桌，在米飯的部分則講究米粒的品種，且煮出來的飯不能過軟過硬。在馬六甲還有將淋了雞高湯的米飯用手揉成圓球狀的雞飯粒，點雞飯時，老闆會問你要幾粒飯，這些都是海南雞飯的變化款。從醬料到米飯，一直到雞的品種選擇，澆燙雞肉的細心與耐心，以及剁雞擺盤的真功夫，交織出一盤最道地的海南雞飯。

從飲食看見馬來西亞

介紹馬來西亞飲食文化的作品不少，譬如在馬來西亞當地，有研究飲食文化的前輩林金城先生以「知食分子」為人熟知，也有楊佳賢先生（阿賢）透過行腳方式，拍攝多季的馬來西亞美食節目，在不同主題的單元中為觀眾介紹大家熟知的美食抑或是食材的製作與生產。他們都獲得許多讀者與觀眾的支持。在這裡我想透過更深入一點的角度，試圖為馬來西亞美

8 咖椰醬是用椰漿、鴨蛋或雞蛋加入牛油與糖隔水加熱撈匀做成。如果有加入班蘭葉的話會呈現綠色。在新馬一帶，咖椰醬是吃海南麵包的必備品。

食找出其不同於其他國家或華人社會的特色，看看除了「多元融合」以外，還有什麼是我們沒有觀察到的。

在台灣，因為我們的歷史脈絡，造就出認為吃日式料理是一種有氣質地品嚐美食的選項；人們在許多重要的聚餐或談生意的場合，會選擇高級日式料理餐廳來表現誠意或品味不凡。你幾乎沒看過有大老闆或政治人物，會穿著簡便在賣臭豆腐或蚵仔麵線的小店裡談生意或某些政策決定。但是這樣的情況在馬華社會中卻不太一樣；華人習慣在庶民的咖啡店裡進行各種重要的約會，那些有著各種動爵頭銜的顯貴、甚至是馬來王室成員，都會來到販賣類似上述各種庶民小吃的咖啡店進行社交活動。有趣之處在於，馬來王室成員並不覺得吃馬來餐比較高尚，印度族群也不認為吃英國下午茶比較體面，而華人也不會覺得身為一位社會名流顯要，就一定要在裝潢美觀、有冷氣的餐廳用餐。我想這就是大馬飲食文化的關鍵特色：不論是華人飲食占多數的咖啡店或是印度裔穆斯林的嘛嘛檔，都已經透過各自傳統的飲食與當前的社會融合，從具體的食物交流昇華成族群共存的融合。

如前文所介紹的諸多美食，馬華社會中的飲食文化除了呈現出前人流傳下來的傳統中華文化觀念之外，在這裡我們可以用馬克思主義中的「虛假意識」來討論大馬飲食文化所反映的社會現象。在馬來西亞華人飲食文化中，存在不少「虛假意識」[9]中的特性。譬如：

一、「認同」壓迫者：弱勢社群在被統治者壓迫時，雖然會有所反抗，但在被統治者告知國家的重要性之時，也會產生心理依賴。因此即使被剝削，大多數弱勢者在勉強能得到溫飽的同時，也會傾向維持現狀。

為了安撫內心不安情緒，馬來西亞華人社會的社團組織相當發達，各種地緣、血緣、業緣而生的社團成為華社重要的基底，並且在很多時候會期待受到統治者的重視。華人的經濟實力反映在大馬社會當中，即使華人並非當政者，但憑藉經濟優勢，軟性的飲食文化在社會融合的過程中，往往成為促進他們與其他族群交流的重要力量。而這就解釋了為什麼在當今的馬來西亞華人社會並未出現上層社會者以吃馬來餐或西方餐點為高尚的價值觀的原因。

9 虛假意識必須附合雙重的「虛假」：其一，認知上與「事實」相違；其二，難以反映個人真正的社會利益，並從過往研究中概括出六種虛假意識，包括：一、未能察覺不公義及身處劣勢（Failure to perceive injustice and disadvantage）；二、命定論（Fatalism）；三、社會角色的合理化（Justification of social roles）；四、虛假的指責歸因（False attribution of blame）；五、認同壓迫者（Identification with the oppressor）；六、抗拒轉變（Resistance to change）。詳參Jost, John T. Negative illusions: Conceptual clarification and psychological evidence concerning false consciousness. Political Psychology, Vol. 16, No. 2, (Jun., 1995), 397-424.

二、抗拒轉變：不管是在認知上或行為上變得保守，都是因為人們在習慣某種環境之後，往往會難以接受大幅度的轉變。因此在馬來西亞華人社會中，人們雖然能夠接受在傳統華人飲食中加入香料或器皿混用的小幅度改變，[10]但是對於中華飲食的節慶儀式或象徵意義，則比以華人為主體社會的中港台地區來得更加重視傳統。這種在飲食上的小幅度改變，對應因為移民南洋的大幅度轉變，恰恰就是大馬華人抗拒轉變的表現。

存在於大馬華社的「虛假意識」並非是由過去的英國殖民者或是現在的馬來當權者主導而成的，而是在華人社會中，透過「後華人性」[11]的特色，潛移默化將原鄉的生活習慣帶至南洋緩慢形成，造就馬來西亞華人社會不同於中港台社會的另一種華社樣貌。這便是大馬飲食魅力中重要的關鍵所在。

10 許多大馬華人慣用淺盤與刀叉來當作餐具，但許多餐廳也會同時提供筷子。

11 石之瑜及李慧易曾提到：「過去『華人性』主要因應的是東南亞土著對華人的識別，土著各地不同，在地土著與華人的相互識別及華人的自我識別，就有在地的特色……華人作為有效的跨地域的身分，存在於華人社群之間，不同華人社群之間有不同的相互識別方式，但都假設華人是有效的身分意識。我們主張用『後華人性』來指涉華人社群彼此的識別。」詳參石之瑜、李慧易。〈從「華人性」到「後華人性」：馬來西亞華人研究劄記〉，《展望與探索》第十五卷第五期，二〇一七年，頁四十九至六十五。

結語

二〇一七年，我在一場伊斯蘭文化相關的演講結束後，遇到了八旗文化的編輯來向我邀約這本書的出版。如同序文所述，我觀察到很多台灣人認識馬來西亞是從華人開始，卻也基於這個原因，台灣人對於馬來西亞的伊斯蘭文化以及印度教文化仍舊陌生。我有幸擁有在馬國工作的經歷，雖然中間連結的媒介仍舊是華人社群，但因為個人興趣使然，我一直都很喜歡並關注伊斯蘭文化與印度文化。記得在西連鄉區當校長的時候，學校同事們都知道校長喜歡吃印度餐跟去馬來檔，當地唯二的兩間印度餐廳與唯一的馬來夜市，成為我最常出沒的地點。

因為這些經歷，即使我離開馬來西亞華文獨立中學校長這個工作已經許多年，但這中間我透過持續書寫與出版馬來西亞相關書籍，保持每年前往馬來西亞收集資料或是參訪工作的習慣，讓我能夠每次都能趁機用多元的角度來觀察這個國家。這些經歷豐富了我的演講內容與主題設定。

在得到這個寫作機會之後，有鑑於自己過去以歷史為研究專業，對於書寫與詮釋數百年來華人在馬來西亞這個國家的移入與認同，自認為仍有許多不足，為了能擴展自己更寬廣的視野，開創新的筆觸來撰寫這個我認為相當熟悉的國家，二〇一八年初，在我為這本書進行田野調查的過程中，萌生出了何不再念一個學位來提升自己的不足的想法。就這樣，我在開始撰寫這本書的同時，因緣際會地在最後一刻完成博士班的報名審查資料，順利通過考試進入政大國家發展研究所，開始了我社會科學的博士學位進修，重啟了我的學生身分。

這本書打開了我人生的另一道門。我在收集資料、撰寫本書的過程中，蠟燭兩頭燒地一邊準備課業與報告，一邊又因為能夠不斷獲取新的知識與思考模式的創新，讓這本書能與我過去所有的作品完全不同而感到興奮。如今這本書付梓在即，雖然內容仍有許多待補及不足之處，但正如我對馬來西亞這個國家的情感一樣，當她接納我一個台灣人，站在馬來西亞國旗下唱著馬來西亞國歌為華文教育努力時，也讓我決定以真誠來回報。那一刻的感動，其實一直到今天，當我聽到馬來西亞國歌時，都會起雞皮疙瘩。我期許未來能繼續以我所學所知，持續地帶領更多台灣人透過我的視角來認識馬來西亞、進而喜歡上她，並且對於台灣與馬來西亞之間的交流能夠有更上一層樓的貢獻。

注釋

第一章、海上絲路：從鄭和下西洋談起

[1] 邱炫煜，《明帝國與南海諸番國關係的演變》，（台北：蘭臺出版，一九九五年），頁七十三。

[2] 李金明，〈中國古代海上絲綢之路的發展與變遷〉，《新東方》，二〇一五年第一期，頁十二。

[3] 克里斯（Keris）是一種原產自爪哇的裝飾短劍，後來成為馬來西亞巫統的精神象徵。參自 Rikey Tenn，〈For Che Ali: The Rhyme Retrograde 給哲阿里：一種回溯的節奏〉，二〇一七年九月十三日，https://reurl.cc/ZORYaA

[4] 蘇穎欣，〈現實秘境中的歷史潛流　記吉隆坡雙束現實論壇〉，《典藏ARTouch.com》，二〇一八年二月二十六日，https://artouch.com/view/content-5215.html

第二章、殖民開端：新舊帝國主義交錯下的馬來亞

[1] 陳鴻瑜，《馬來西亞史》，（台北：蘭臺出版，二〇一二年）。頁一〇六至一〇七。

[2] 黃建淳，《砂拉越華人史之研究》，（台北：東大圖書股份有限公司，一九九九年），頁九十至九十四。

[3] 高延（J. J. M. DeGroot）著，袁冰凌譯，《婆羅洲華人公司制度》，（台北：中央研究院近史所，一九九六年），頁四十七。

[4] 蔡羽，〈慕娘公司的商業王國〉，《星洲日報》，二〇一七年二月四日，第三十一版。

[5] 許紅艷，〈馬來西亞的錫克人〉，《世界宗教文化》，二〇一四年第六期，頁六十三

第三章、清末華人的開墾

[1] 〈豬仔還國記〉，《品詩文》，二〇一九年七月二十二日，https://www.pinshiwen.com/cidian/xscd/20190722156313.html

[2] 黃建淳，《砂拉越華人史之研究》，（台北：東大圖書股份有限公司，一九九九年），頁一三三。

[3] 吳劍雄，《海外移民與華人社會》，（台北：允晨文化，一九九四年）。

[4] 黃建淳，《砂拉越華人史之研究》，（台北：東大圖書股份有限公司，一九九九年），頁一二九至一三〇。

[5] 〈下南洋〉，《星洲日報》，http://www.sinchew.com.my/qingyi85/page.php?p=page4

[6] 陳鴻瑜，《馬來西亞史》，（台北：蘭臺出版，二〇一二年），頁一八三。

[7] 〈吉隆坡開埠功臣「葉亞來」〉，《世界客報》，二〇一七年十二月十九日，http://john380920.blogspot.com/2017/12/blog-post_2.html

[8] 潘怡潔，〈檳城姓氏橋的歷史與成為世界文化遺產後的影響〉，二〇一一年七月，頁四。

第四章、華僑為革命之母：孫中山與會館

[1] 〈吳世榮〉，《華人百科》，https://www.itsfun.com.tw/%E5%90%B3%E4%B8%96%E6%A6%

AE/wiki-3979786-4695666

[2]〈陳新政〉，《百度百科》，https://baike.baidu.com/item/%E9%99%88%E6%96%B0%E6%94%BF/6783707

[3]〈許生理〉，《百科知識》，https://www.easyatm.com.tw/wiki/%E8%A8%B1%E7%94%9F%E7%90%86

[4]《光華日報》，二〇一六年一月十八日，A13版。

[5]〈檳城閱書報社〉，《孫中山檳城基地紀念館》網站，http://sunyatsenpenang.com/zh-hant/%E6%A7%9F%E5%B7%9E%E9%96%B2%E4%B9%A6%E6%8A%A5%E7%A4%BE/

[6]王楊紅，〈中和堂的興起、發展及其與興中會、同盟會的關係〉，《華僑華人歷史研究》，二〇一二年第三期，頁五十五。

第五章、紅日與赤色：日本人與共產黨

[1]陳鴻瑜，《馬來西亞史》，（台北：蘭臺出版，二〇一二年），頁二三九至二四五。

[2] 林水壕等編，《馬來西亞華人史新編》第一冊，（吉隆坡：馬來西亞中華大會堂總堂，一九九八年），頁九十四。
[3] 林韶華、房漢佳合著，《砂拉越華僑抗日機工：英雄的故事》，（古晉：砂拉越國際時報出版，一九九八年），頁一三〇。

第六章、從馬來亞到馬來西亞

[1] 陳鴻瑜，《馬來西亞史》，（台北：蘭臺出版，二〇一二年），頁三一〇至三一一。
[2] 林韶華、房漢佳合著，《砂拉越華僑抗日機工：英雄的故事》，（古晉：砂拉越國際時報出版，一九九八年），頁一三二。
[3] 伍雪儀（Suet Yee Ng），《馬新獨立運動：傅樹介與反殖鬥爭》，拉曼大學中國研究博士論文，二〇一四年，頁五十。
[4] 詳參伍雪儀（Suet Yee Ng），《馬新獨立運動：傅樹介與反殖鬥爭》。
[5] 約翰・培瑞（John Curtis Perry）著，林添貴譯。《新加坡的非典型崛起：從萊佛士到李光

耀，駕馭海洋的小城大國》，（台北：八旗文化，二〇二〇年），頁二五七。

[6] 約翰・培瑞（John Curtis Perry）著，林添貴譯。《新加坡的非典型崛起：從萊佛士到李光耀，駕馭海洋的小城大國》，（台北：八旗文化，二〇二〇年），頁二八八。

[7] 約翰・培瑞（John Curtis Perry）著，林添貴譯。《新加坡的非典型崛起：從萊佛士到李光耀，駕馭海洋的小城大國》，（台北：八旗文化，二〇二〇年），頁二五五。

[8] 約翰・培瑞（John Curtis Perry）著，林添貴譯。《新加坡的非典型崛起：從萊佛士到李光耀，駕馭海洋的小城大國》，（台北：八旗文化，二〇二〇年），頁二七四。

[9] 廖克發，《還有一些樹》（*The Tree Remembers*），蜂鳥影像，二〇一九年。

[10] 羅聖榮，《馬來西亞的印度人及其歷史變遷》，（北京：中國社會科學出版社，二〇一五年），頁一九四。

[11] 陳鴻瑜，《馬來西亞史》，（台北：蘭臺出版，二〇一二年），頁三七四至三七五。

[12] 陳鴻瑜，《馬來西亞史》，（台北：蘭臺出版，二〇一二年），頁三七八至三八一。

[13] 林佳禾、游婉琪，〈中國因素——染「紅」的馬來半島：關丹三部曲〉，《走入亞細安：臺灣青年在東南亞國家的第一手觀察報導》，（台北：衛城出版，二〇二〇年），頁一九九至

二〇四。

[14] 耿長娟，〈馬來西亞政府的改革與啟示〉，《東南亞縱橫》，二〇一一年第八期，頁十六。

[15] 邱冠蓉，〈淺談「亞洲價值」——由歷史、內涵與觀點出發〉，《台大政治系系刊》，二〇一五年。

[16] 同前注。

第七章、日常下的馬華步調：封爵、信仰與通婚

[1] 張翰璧、張維安、利亮時，〈神的信仰、人的關係與社會的組織：檳城海珠嶼大伯公及其祭祀組織〉，《全球客家研究》，二〇一四年第三期，頁一二八。

[2] 鄭月裡，《華人穆斯林在馬來西亞》，（台北：文史哲出版社，二〇一二年），頁一三三至一三四。

[3] 陳志明，〈東南亞華人的土地神與怪跡崇拜：特論馬來西亞的大伯公〉，收錄於林富士、傅飛嵐編，《遺跡崇拜與聖者崇拜》，（台北：允晨文化，一九九九年），頁五十七至

八十四。

[4] 周樹佳，《香港諸神——起源、廟宇與崇拜》，（香港：中華書局，二〇〇九年），頁一五七。

[5] 許源泰，《沿革與模式：新加坡道教和佛教傳播研究》，（台北：八方文化，二〇一三年），頁七十七。

[6] 鄭良樹，《馬來西亞、新加坡華人文化史論叢》（卷一），（新加坡：南洋學會，一九八二年），頁四十八。

[7] 維多魚，〈大馬禁止天主教使用阿拉一詞〉，《地球圖輯隊》，二〇一三年十月十六日，https://dq.yam.com/post.php?id=1233。外媒參考Charlie Campbell, "*Allah* Means *God*, Unless You're a Christian in Malaysia," *Time*, （*Oct. 15, 2013*）, http://world.time.com/2013/10/15/allah-means-god-unless-youre-a-christian-in-malaysia/

[8] 鄭月裡，《華人穆斯林在馬來西亞》，（台北：文史哲出版社，二〇一二年），頁二八一。

[9] 鄭月裡，《華人穆斯林在馬來西亞》，頁二四〇至二四二。

[10] 林開忠，〈砂拉越新堯灣周邊客籍華人與達雅族的異族通婚家庭〉，《全球客家研究》，二

〇一六第六期，頁四十九。

第八章、馬來西亞的華文教育與哈台文化

[1] 詳參教育部統計處互動式圖表「大專校院境外學生在臺留學／研習人數」。

[2] 柯嘉遜，《馬來西亞華教奮鬥史》，（馬來西亞：雪蘭莪中華大會堂出版，一九九一年），頁四十一。

[3] 邱冠蓉，〈淺談「亞洲價值」——由歷史、內涵與觀點出發〉，《台大政治系系刊》，二〇一五年。

[4] 〈產業與社福移工人數〉，《勞動部產業統計查詢網》，https://statfy.mol.gov.tw/index12.aspx

[5] 〈原住民人口數統計資料〉，《原住民委員會》網站，https://www.cip.gov.tw/portal/docList.html?CID=940F9579765AC6A0

[6] "Malaysia Estimating the Number of Foreign Workers," The World Bank (Mar., 2019), 20.

第九章、從一盤「辣死你媽」，吃到馬來西亞飲食文化的核心

[1] 外交部領事事務局網站（二〇一九年更新），https://www.boca.gov.tw/sp-foof-countrycp-03-23-a7372-04-1.html

[2] 蕭靜淑，《砂拉越興化族群行業發展史之研究（一九一二至一九九〇）》，淡江大學東南亞研究所碩士論文，二〇〇三年。

■期刊論文

1. 黃云靜（2000）。〈馬來西亞現代政治制度的確立——兼論英國殖民統治的遺產問題〉。《東南亞研究》1：頁29-33。
2. 王成（2003）。〈從西方化到本土化: 英國的殖民統治與馬來西亞的政治發展〉。《史學月刊》1：頁85-91。
3. 徐羅卿（2006）。〈馬來西亞政治發展特色淺析〉。《東南亞縱橫》3：頁27-31。
4. 宋鎮熙 （2008）。〈馬來西亞政治版圖的變遷：走向兩線政治發展或政治動盪？〉。《戰略安全研析》40：頁33-39。
5. 左正東 （2014）。〈金融危機與馬來西亞經濟自由化：比較馬哈迪與納吉對新經濟政策的改革〉。《遠景基金會季刊》15 （2） ：頁79-128。
6. 張翰璧、張維安、利亮時 （2014）。〈神的信仰、人的關係與社會的組織：檳城海珠嶼大伯公及其祭祀組織〉。《全球客家研究》3：頁111-138。
7. 許紅艷 （2014）。〈馬來西亞的錫克人〉。《世界宗教文化》6：頁62-66。

39. 陳景熙等，《故土與他鄉：檳城潮人社會研究》，北京：生活．讀書．新知三聯書店，2016年1月。
40. 馬來西亞永春社群誌編委會，《馬來西亞永春社群誌》，吉隆坡：馬來西亞永春聯合會，2016年5月。
41. 杜忠全，《喬治市卷軸》，馬來西亞：大將出版社，2016年11月。
42. 國立臺北藝術大學文化資源學院、吳梅英、張淑卿、林子博，《馬來西亞多元包容的國度》，國立臺北藝術大學，2016年11月。
43. 楊佳賢、許裕全，《阿賢好食光》，馬來西亞：大將出版社，2017年6月。
44. 董教總華文獨中工委會統一課程委員會，《馬來西亞及其東南亞鄰國史》，馬來西亞：馬來西亞華校董事聯合會總會（董總），2018年1月 。
45. 許維賢，《華語電影在後馬來西亞：土腔風格、華夷風雨作者論》，台北：聯經出版，2018年4月。
46. 陳靜宜，《啊，這味道：深入馬來西亞市井巷弄，嚐一口有情有味華人小吃》，台北：聯經出版，2018年5月。
47. 李豐楙，《從聖道到道教：馬華社會的節俗、信仰與文化》，台北：國立臺灣大學出版中心，2018年5月。

29. 陳鴻瑜，《馬來西亞史》，台北：蘭臺出版社，2012年4月。
30. 廖小健，《戰後馬來西亞族群關係：華人與馬來人關係研究》，廣州：暨南大學出版社，2012年9月。
31. 鄭月裡，《華人穆斯林在馬來西亞》，台北：文史哲出版社，2012年7月。
32. 林煜堂，《翰林逐雀集》，古晉，2012年10月。
33. 許源泰，《沿革與模式：新加坡道教和佛教傳播研究》，台北：八方文化，2013年。
34. 蔡靜芬，《「舊」娘？「新」娘？：馬來西亞砂拉越客家社群的婚姻儀式及女性》，台北：遠流出版，2013年12月。
35. 董總改革委員會，《重拾華教基石》，馬來西亞：董總改革委員會，2015年3月。
36. 黃賢強，《跨域史學：近代中國與南洋華人研究的新視野》，台北：龍圖騰文化，2015年3月。
37. 羅聖榮，《馬來西亞的印度人及其歷史變遷》，中國：中國社會科學出版社，2015年8月。
38. 黎亞久、盧朝基，《馬來亞華僑抗日史料選輯》，香港：生活文化基金會，2015年8月。

出版社，2000年9月。

19. 蔡增聰，《邊站·硝煙·貿易：十九世紀砂拉越堡的研究》，詩巫：砂拉越留台同學會詩巫分會，2001年5月。
20. 房漢佳，《砂拉越巴南河流域發展史》，古晉：砂拉越人民聯合黨總部出版，2001年。
21. 陳炯彰，《印度與東南亞文化史》，台北：大安出版社，2005年9月。
22. 顧長永，《馬來西亞獨立五十年》，馬來西亞：星洲日報，2008年5月。
23. 歐陽珊，《古城遺書》，馬來西亞：星洲日報，2008年5月。
24. 杜忠全，《老檳城路志銘：路名的故事》，馬來西亞：大將出版社，2009年8月。
25. 林煜堂，《江河浪淘沙》，古晉，2009年9月。
26. 21世紀出版社編輯部，《紀念合艾和平協議》，馬來西亞：21世紀出版社，2009年12月。
27. 周樹佳，《香港諸神—起源、廟宇與崇拜》，香港：中華書局，2009年
28. 湯熙勇、顏妙幸編《孫中山與海外華人論文集》，台北：中華民國海外華人研究學會，2010年5月。

9. 高延著，袁冰凌譯，《婆羅洲華人公司制度》，中央研究院近史所，1996年11月。
10. 朱煜善、王志明，《海外華僑》，上海古籍出版社，1998年7月。
11. 蔡增聰，《歷史與鄉土》，詩巫：砂拉越留台同學會詩巫省分會出版，1998年。
12. 房漢佳、林韶華，《砂拉越華僑抗日機工：英雄的故事》，古晉：砂拉越國際時報出版，1998年。
13. 黃建淳，《砂拉越華人史研究》，台北：東大圖書公司，1999年1月。
14. 田英成，《砂拉越華人社會的變遷》，詩巫：砂拉越華族文化協會出版，1999年4月。
15. 林水壕、傅孫中合編，《東南亞文化衝突與整合》，馬來西亞：華總（德麟文化基金）、馬大中文系畢業生協會聯合出版，1999年9月。
16. 林宜慧，《砂拉越詩巫福州人領導層之研究》，詩巫：砂拉越華族文化協會，1999年12月。
17. 林富士、傅飛嵐編，《遺跡崇拜與聖者崇拜》，台北：允晨文化，1999年。
18. 孔遠志，《印度尼西亞馬來西亞文化探析》，香港：南島

參考書目

■書籍

1. 王賡武，張奕善譯，《南洋華人簡史》，台北：水牛出版社，1967年。
2. 吳俊才，《東南亞史》，正中書局，1976年。
3. 謝育德，《北婆羅洲沙巴百年簡史》，沙巴：斗湖出版社，1981年1月。
4. 鄭良樹，《馬來西亞·新加坡華人文化史論叢·卷一》，新加坡：南洋學會，1982年。
5. 田農，《森林裡的鬥爭》，香港：東西文化出版，1990年9月。
6. 馬來西亞董教總全國華文獨中工委會資訊局，《華教工作者的再出發》，吉隆坡：馬來西亞華校董事聯合會總會（董總），1990年12月31日。
7. 柯嘉遜，《馬來西亞華教奮鬥史》，雪蘭莪：華教研究中心，1991年4月。
8. 邱炫煜，《明帝國與南海諸蕃國關係的演變》，台北：蘭臺出版社，1995年8月。

八旗國際 10

來去馬來西亞

從鄭和、孫中山到《辣死你媽》，原來馬來西亞與台灣這麼近

作　　者　黃偉雯
編　　輯　王家軒
助理編輯　柯雅云
校　　對　陳佩伶
封面設計　兒日設計
排　　版　宸遠彩藝

行銷總監　蔡慧華
總 編 輯　富 察
出　　版　八旗文化／遠足文化事業股份有限公司
發　　行　遠足文化事業股份有限公司（讀書共和國出版集團）
地　　址　新北市新店區民權路 108-2 號 9 樓
電　　話　02-22181417
傳　　真　02-22188057
客服專線　0800-221029
信　　箱　gusa0601@gmail.com
Facebook　facebook.com/gusapublishing
Blog　gusapublishing.blogspot.com
法律顧問　華洋法律事務所／蘇文生律師

印　　刷　前進彩藝有限公司
定　　價　420 元
初版一刷　2020 年 9 月
初版三刷　2024 年 6 月
ISBN　978-986-5524-25-8

國家圖書館出版品預行編目（CIP）資料

來去馬來西亞：從鄭和、孫中山到《辣死你媽》，原來馬來西亞與台灣這麼近 / 黃偉雯著 . -- 一版 . -- 新北市 : 八旗文化出版 : 遠足文化發行 , 民 109.09

面； 公分 . -- (八旗國際 ; 10)

ISBN：978-986-5524-25-8（平裝）

1. 華僑 2. 華僑史 3. 社會生活 4. 馬來西亞

577.2386 109011796